U0608771

新闻编辑与新媒体技术研究

潘云松　张旭　许金峰 ◎ 著

哈尔滨出版社
HARBIN PUBLISHING HOUSE

图书在版编目（CIP）数据

新闻编辑与新媒体技术研究 / 潘云松，张旭，许金峰著 . — 哈尔滨 : 哈尔滨出版社 , 2023.2
ISBN 978-7-5484-7089-2

Ⅰ . ①新… Ⅱ . ①潘… ②张… ③许… Ⅲ . ①新闻编辑②传播媒介 – 研究 Ⅳ . ① G213 ② G206.2

中国版本图书馆 CIP 数据核字 (2023) 第 035580 号

书　　名：**新闻编辑与新媒体技术研究**
XINWEN BIANJI YU XINMEITI JISHU YANJIU

作　　者：潘云松　张　旭　许金峰　著
责任编辑：杨滟新
装帧设计：古　利

出版发行：哈尔滨出版社（Harbin Publishing House）
社　　址：哈尔滨市香坊区泰山路 82-9 号　　邮编：150090
经　　销：全国新华书店
印　　刷：廊坊市海涛印刷有限公司
网　　址：www.hrbcbs.com
E-mail：hrbcbs@yeah.net
编辑版权热线：（0451）87900271
销售热线：（0451）87900202　　87900203

开　　本：787mm×1092mm　1/16　印张：8　字数：158 千字
版　　次：2023 年 2 月第 1 版
印　　次：2023 年 2 月第 1 次印刷
书　　号：ISBN 978-7-5484-7089-2
定　　价：68.00 元

凡购本社图书发现印装错误，请与本社印制部联系调换。

服务热线：(0451) 87900279

前言 INTRODUCTION

随着5G网络的普及以及智能电子设备的迅速发展，新媒体时代已经到来。各类短视频平台纷纷上线，人们可以随时随地观看各类新闻，这给传统广播电视新闻节目带来了巨大冲击，使得传统的新闻编辑方式已不再适应新闻行业发展的需求。因此，新闻编辑工作要及时改变思路，开拓创新，制作出更新颖的电视节目，以提高大众对广播电视新闻节目的关注度，进而推动广播电视行业的稳定健康发展。

《新闻编辑与新媒体技术研究》是一本具有当代性、前瞻性、操作性的新闻编辑类学术研究。全书在内容安排上共设置五章：第一章解读新闻编辑及其工作理念，内容包括编辑与新闻编辑概述、新闻编辑的职能与类别、新闻编辑的任务与人员定位、新闻编辑工作的特性及流程；第二章探讨新闻编辑的策划与组织，内容涉及新闻编辑策划的理论基础、新闻编辑策划的流程及要求、新闻报道的组织与调控、常见新闻报道的策划与组织；第三章围绕新闻编辑的组稿和选稿、新闻编辑的改稿和配稿、新闻标题及其制作技巧、新闻版面编排与设计等方面探究新闻编稿与编排设计；第四章研究新媒体新闻采编业务与创新，内容囊括新媒体发展及传播特征、新媒体新闻采访、移动互联网媒体编辑、新媒体策划与创新探究；第五章探索新媒体环境下新闻行业的发展创新，内容涉及传统电视新闻与新媒体融合的转型战略、新媒体环境下电视新闻与短视频融合发展、新媒体环境下聚合类新闻客户端的发展分析、新媒体环境下新闻类微信公众号的传播研究。全书视野开阔，体例新颖，既有理论阐释，又有较强的可操作性。

本书的撰写得到了许多专家学者的帮助和指导，在此表示诚挚的谢意。由于笔者水平有限，加之时间仓促，书中所涉及的内容难免有疏漏与不够严谨之处，希望各位读者多提宝贵意见，以待进一步修改，使之更加完善。

目录 CONTENTS

第一章
新闻编辑及其工作理念解读

编辑工作不全等同于某一具体的编辑行为，而是对这些个别、具体的编辑行为上升到一定层面的抽象化与概括整合，进而成为一种社会性职业。同理，新闻编辑工作也是对新闻传播事业领域中编辑职业活动的一种概括性、抽象化和整合后的统称。本章围绕编辑与新闻编辑概述、新闻编辑的职能与类别、新闻编辑的任务与人员定位、新闻编辑工作的特性及流程展开分析。

第一节 编辑与新闻编辑概述

一、编辑溯源及其概念

什么是编辑？"编辑"一词见于何时？它的本意是什么？其含义是如何演化的？现代语汇的"编辑"一词又包含了哪些解释？所有这些问题，应该是我们一开始接触新闻编辑这门学科时必须了解的基本内容。

"编辑"一词，古已有之。不过"编""辑"在远古时是两个独立的单音节词，其具体含义，东汉许慎在《说文解字》中做了解释："编，次简也""辑，车舆也"。对此，清代学者段玉裁解释说："舆之中无所不居，无所不载，因引申为敛义。又引申为和义。""编"的原意是指用以串联竹简的皮条或绳子，其目的在于排列竹简，变无序为有序；"辑"的原意是指车舆、车厢，引申为聚敛，旨在变分散为集中，"辑"与"集"同。"编""辑"合起来就是搜集整理的意思，是一种对以文字、符号、图画等为载体的信息进行收集整理，使之集中有序，和顺协调，用以传播或储存的一种活动。

倘若按此解释，在我国古代，很早就出现了做"编辑"工作的人。比如孔子，相传他就曾编选过《尚书》删定过《诗经》，当然这种说法未必可信。而正式出现的"编辑"工作，据史料记载，大概是从汉代刘向父子开始的。西汉成帝河平三年（公元前26年），刘向受命整理宫廷藏书，刘向死后，刘歆子承父业，编辑宫廷的藏书目录，最后成就了我国第一部图书分类目录《七略》。刘向父子所做之事，可谓是真正的编辑工作。然而，那时还没有"编辑"这个词汇。

"编辑"作为一个合成词的正式出现究竟源于何时，目前尚无定论，按照学界普遍认可的说法，最早始见于初唐史学家李延寿所著《南史·刘苞传》：（刘苞）"少好学，能属文，家有旧书，例皆残蠹，手自编辑，筐箧盈满。"[①]这里"编辑"一词的含义是校补、正误和整理顺序的意思，正好印证了《说文解字》的释义。

随着社会的发展，"编辑"一词所包含的内涵和外延不断地变化和丰富。一方面，编纂逐渐超出了编辑的工作范畴，编辑已从编著合一状态中独立，现代编辑的工作主要是选择题材、物色作者、审读和加工稿件；另一方面，现代"编辑"又突破了书籍的框框，超

---

① 郑兴东. 报纸编辑学教程[M]. 武汉：武汉大学出版社，1992：7.

出了文字的范围，报纸、广播、电视、期刊、网络、有声读物等精神产品的出版、问世，都离不开编辑工作。不仅如此，"编辑"一词在现代语汇环境中，其含义也可谓多种多样，至少可做如下理解：

第一，表示一种特定的人，即从事编辑工作的专业人员，"编辑＝编辑者"。

第二，表示一项特定的工作，即在新闻或其他出版物的出版活动中，编辑者所从事的有关决策、组织、加工、设计等专业性工作，"编辑＝编辑工作"。

第三，表示编辑者在从事编辑工作时所付出的具体劳动，"编辑＝编辑劳动"。

第四，表示一类特定的职称或职务，即从事编辑工作的专业人员的专业技术职称或职务。

"编辑"含义的变化和多样性，使得人们对于"编辑"概念的把握众说纷纭。例如，有的从编辑的"劳动"特性来阐释，认为"编辑是在利用传播工具的传播活动中，以满足社会精神文化需要为目的，致力于在作者和读者之间建立传播关系，把印刷和发行作为自己后续工作的一种社会文化活动"。[①]有的从编辑的"工作"特性来说明，认为"按照一定的编辑方针指导下制订的编辑计划，以作品原稿为加工对象，进行创造性的整理编辑，使之成为出版物形态，这种具有学识性的、技术性的工作称为编辑"。[②]诸如此类，可以看出，人们对"编辑"的界定真是复杂多样，到目前为止，还缺乏统一性看法。

要对事物做出科学的界定，理应揭示出事物的本质属性。那么"编辑"的本质属性是什么呢？要科学地界定"编辑"，起码应使该界定涵盖如下内容：

第一，编辑是利用大众传播媒介进行的大众传播活动的一部分，编辑活动不能游离于大众传播活动之外。

第二，编辑是一种专业性、创造性的社会传播活动，主要包括决策、组织、审读、编选、加工整理稿件等多方面的创造性、专业性的工作。

第三，编辑需要使用一套独特的符号系统进行操作，这些符号系统没有经过系统的、专业化的训练，是不可能驾驭的。

第四，编辑的目的在于一方面使作者的精神文化产品从内容、形式诸方面达到最满意的效果，使其构成整体的、有系统的、供社会交流传播的文化成果，另一方面最大限度地满足和便利接受者。

第五，编辑是一种精神文化信息传播的中介。这种中介主要体现在：编辑是社会精神生产与消费的中介；是大众传播的中介；是联系传播和受众的中介；是人类文化成果积累、吸收的中介。

第六，编辑具有劳动的隐匿性，属于一种非显性的劳动。在很多情况下编辑是一种幕

---

①吴飞.新闻编辑学[M].杭州：杭州大学出版社，1995：3.

②吴飞.新闻编辑学（第3版）[M].杭州：浙江大学出版社，2003：7.

后活动，是"为他人作嫁衣"的活动。

综上所述，我们将编辑的本质含义概括如下：编辑是在大众传播这一专业活动中，为满足受众需要，使用独特符号系统，对他人的精神文化成果进行组织、编选、加工整理等创造性的优化处理，使其构成整体的有系统的出版物物化形态。

对"编辑"的含义做如此界定是比较合适的，至少可避免在现实中对"编辑"一词的多重词语定义，很好地区分编辑与编辑者、编辑工作、编辑劳动等之间的内涵。

二、编辑学、新闻学与新闻编辑

新闻编辑是编辑学和新闻学的一个交叉学科，要了解新闻编辑，不妨先了解一下编辑学和新闻学。

"编辑学"的概念，早在20世纪50年代就出现了。1956年中国人民大学出版社翻译出版了苏联专家在中国人民大学讲授书刊编辑课的教学大纲，译名为《书刊编辑学教学大纲》，不知是误译，还是着意创新，结果导致了"编辑学"一词首次在中国的出现。[①]不过，编辑学作为一门学科而兴起则是始于20世纪90年代。据查1990年以前出版的字典辞书，是不列"编辑学"条目的。如1985年由上海人民出版社出版的辞书《当代新科学手册》中综合学科内有传播学，但没有编辑学。首次列入"编辑学"条目的是1990年12月出版的《中国大百科全书》（新闻传播卷），1993年编辑学专业被正式列入国家教委制定的高校专业目录，标志着编辑学堂堂正正地列入了学科之林，从此以后，编辑学的发展渐入佳境。

对于编辑学的界定如同对编辑的界定一样，也是众说纷纭。比如，有研究者从学科对象方面进行界定，认为"所谓编辑学，应该是研究各种出版物的编辑特征、规律和方法的科学，是一门综合性多科性的边缘学科"[②]。对一门学科进行科学的界定时，一般总是以其研究对象为依据，这种界定无疑符合一般的科学思维模式。不过，有研究者把编辑学研究对象——编辑劳动放在广阔的社会文化背景下，把研究目光从对象本身延伸到它的社会效应和历史作用，从而把编辑学界定为"文化启蒙与文化设计的学问"，并进而解释说："将编辑学定义为文化启蒙与文化设计的学问，是建立于对于出版文化新的理解的基点之上"[③]。这里，把编辑劳动和文化启蒙与文化设计联系起来，从而充分肯定编辑劳动在文化生产、传播、储存、积累中的作用，其思维取向无疑是正确的。不过，用学科研究对象

---

①有资料表明，"编辑学"这个词是国民大学教授李次民于1949年3月在广州自由出版社出版的讲稿《编辑学》中首先提到的。李次民的这本书只在个别章节中讲到期刊的编辑工作，大量的篇幅是讲新闻编辑学，说明当时的报纸已很重视编辑工作。

②李荣生，高文超.建立中国编辑学刍议[J].编辑之友，1985（02）：9-11.

③李端.编辑学是一门什么样的学问[J].编辑之友，1988（04）：4-7.

的作用替代研究对象本身，并以此概括学科的本质特征，显然不太周全。

编辑学的主要研究对象是编辑工作，从学科本质属性概括的角度来看，编辑学是研究编辑工作的性质、作用及其产生和发展规律的科学。

新闻编辑无疑是编辑学研究的一个重要组成部分。新闻曾遭受过"无学"的尴尬。新闻学作为一门独立的学科，和其他学科相比，其产生的历史较短，而且新闻学和政治的关系十分密切，学科的理论框架和内容的系统性尚未完善。新闻学过去属于文学学科的下属学科，1997年，国务院学位委员会才正式将新闻传播学列为一级学科，下设新闻学、传播学两个二级学科。

新闻学作为一门科学，有其特殊的研究对象，这就是新闻现象——新闻信息传播现象和新闻事业的社会传播现象，这是其他学科所无法替代的。不仅如此，新闻学的研究对象还有其自身的发展规律，诸如新闻必须真实、新闻必须满足受众的需要、新闻事业是社会生产力发展的产物等。

新闻学的含义其实是在不断变化发展的，最初的含义是有关纪事和日报之学，即报学。后来，新闻事业从报纸等印刷媒介扩展到电子媒介，新闻学的含义也就扩充为关于报纸、广播、电视、电影、网络的学问。所以，总体来说，新闻学是一门研究新闻活动、新闻事业以及工作规律的科学。具体来说，新闻学主要研究新闻、新闻事业的产生和发展、新闻事业的性质、特征和功能，研究新闻事业和各种社会现象之间的关系，研究新闻道德和新闻工作者的修养等。

新闻学有其自身的学科体系构成。从广义新闻学来说，它由历史新闻学、理论新闻学、应用新闻学、边缘新闻学等几部分组成，其中应用新闻学就包含新闻采访学、新闻写作学、新闻编辑学、新闻评论学、新闻摄影学等。由此可见，新闻编辑无疑属于新闻学研究的重要内容。

由编辑学和新闻学的解读中，我们不难理解新闻编辑是编辑学和新闻学的交叉学科。新闻编辑是指现代新闻机构中从事新闻媒介产品生产过程中的决策、组织、选择、加工、设计、制作等专业性工作的总称。

第二节　新闻编辑的职能与类别

一、新闻编辑的职能分析

无论在哪种类型的媒体，从事哪种新闻编辑工作，其职能大体相同，概括起来，大致可以归纳为以下几点：

（一）新闻编辑是新闻报道活动的"设计师"与"建筑师"

新闻报道活动是一项复杂的系统工程，涉及新闻工作的方方面面。

一家媒体的首要任务，就是要确立自身的编辑方针，这相当于对媒体进行顶层设计。承担这个任务的，是以该媒体总编辑为首的编辑委员会。编辑委员会的成员，来自媒体高层和各部室等分支机构的负责人，其中后者代表了所有一线的业务编辑。编辑方针规定着媒体的受众定位、报道内容、媒介水准和风格特色，是媒体全体采编工作人员的行动纲领和指南，它需要反复研讨，集思广益，方能定型。因此，媒体的编辑方针，凝聚着几乎所有编辑的智慧。

从新闻报道活动的一般流程看，新闻编辑既是新闻报道活动的"设计师"，又是新闻报道活动的"建筑师"。

第一，新闻报道前期的计划制订、选题策划、报道组织，需要新闻编辑进行总体谋划。不仅是重点报道、专题报道需要谋划，而且日常报道，也需要新闻编辑运筹帷幄。在实践中，每家媒体的各个部门，每周少则有一次、多则有几次的选题会。选题会上，大家各抒己见，提出各自的选题，经过讨论，拟定一个时间段的报道重点、中心，然后知会全体采编人员，依照执行。

第二，新闻编辑中期的工作，主要是对记者采写回的稿件或者通讯社、通讯员等渠道发来的稿件，进行选择、取舍和修改。各版面的编辑会根据编辑方针，选择适合本媒体的稿件备发，此为"一审"。之后，版面编辑要对备发稿件进行处置，审查报道角度是否恰当，核对有无各种差错，进行文字修改润色，审查和制作标题等。经过版面编辑的劳动，选定的稿件送交编辑部主任审查，此为"二审"。经过这道程序没被淘汰的稿件，方可进入下一流程。接下来，编辑要进行版面配置，确定头条和其他稿件的版面位置，并根据需要配发图片等。对确定编发的重要稿件或敏感的稿件，编辑部主任还会送交编委会讨论，直至总编辑最后定夺能否刊发，此为"三审"。新闻稿件的"三审"制度，是保证新闻质量的关键。

第三，后期的校对工作也离不开版面编辑的参与。稿件中的重要细节，如人名、地名、专业术语、重要数字等内容，需要版面编辑确认，不能确认的，还要和作者联系核对。实际工作中，许多报纸媒体都实行"三校"制度，每道校对工序都需要编辑签字确认。有的媒体也根据自身情况把编辑人员和校对人员合二为一。

在具体新闻实践中，新闻编辑还承担着更多的工作，比如，要经常和前方记者保持联络与沟通，不断发现新题材或调整报道角度，也要与后勤部门协调，保证前方采访记者的交通、通信、经费得到有力保障。

（二）新闻编辑是媒体报道的议程设置者

媒体新闻大都是记者跑出来的，即使身处新闻现场的一线记者，他的采访报道也必须和新闻编辑沟通，确定能否纳入本媒体的报道规划。更多时候，新闻编辑要根据编辑方针、媒介定位、报道计划等因素，确定一段时间新闻记者采访报道的选题、主题和报道角度。西方新闻理论称媒体的这种功能为"议程设置功能"。

1972年，美国传播学家M. E.麦克姆斯和唐纳德·肖于在《舆论季刊》上发表了一篇题为《大众传播的议程设置功能》的论文，首次提出"议程设置功能"理论假说。他们的研究是基于对1968年美国总统选举期间媒介的选举报道如何影响选民所做的调研总结。他们发现，媒体一般不能决定受众对某一事件或意见的具体看法，但可以通过提供信息和安排议题，有效地影响人们关注哪些事实和意见，以及关注的先后顺序，即媒体无法左右人们怎么想，却可以诱导人们去想什么。

议程设置理论，对新闻编辑工作有重要的借鉴意义，因为新闻编辑就是媒体报道的议程设置者。

首先，新闻编辑的日常工作，也可以说就是议程设置工作。媒体每天每时每刻要面对国内外的海量信息，选择报道什么，不报道什么，是由媒体的编辑方针和媒介定位决定的。它通过信息的筛选、过滤，通过版面安排、稿件的配置等手法，巧妙地把媒体想要突出的信息和议题，优先提供给受众。比如，就报纸而言，置于头版头条位置的新闻，自然最受关注。另外，放大标题，使用有视觉冲击力的图片，也是新闻编辑凸显信息或议题重要性的常用方法。

其次，议程设置是媒体重点报道工作的需要。媒体工作是日常工作和战役性工作即重点报道工作的组合。每年，各种大大小小节假日，各种类型重要纪念活动，还有国内外各种突发事件——政治性、自然灾害、社会灾祸等，这些既是受众关注的热点，也是媒体报道的重点。各媒体都会使尽浑身解数，在报道数量和质量上大显身手。对节假日和重要纪念日而言，关键要在报道前别出心裁地设置议题。对突发性事件而言，在报道受众关心的各种信息时，如何设置独家议题，也是新闻编辑必须思考的问题。总之，在重点事件报道中，媒体不仅要善于发掘独家新闻，更要在众多报道中独树一帜，而要做到这些，就要充分发挥议程设置功能。

最后，议程设置能巧妙把握热点，正确引导舆论。中国社会正处于深刻的转型期，各种社会热点层出不穷。对有利于社会发展、稳定、前进的热点，媒体有必要投射更多的关注。在关注中，如何把热点做深做透，是对新闻编辑议程设置能力的考验。热点事件不一定都是正面的，如某些重特大事故、恶性刑事案件、官员腐败案件等，承担着舆论监督功能的媒体，无法也不能回避这些热点。但要注意在这类热点事件中保持正确的舆论导向，一是需要引导议题设置往正向走，如着重救援、查处等方面；二是要把握热点报道的时间和强度，适时降温，并用新的热点进行转换。

（三）新闻编辑是新闻素材的"翻新者"

新闻编辑每天要处理来自通讯社、本媒体记者、其他媒体记者以及通讯员等四面八方的稿件，这些来稿良莠并存，质量不一。编辑的工作，不仅仅是要把合格的、优秀的稿件挑选出来，而且要善于发现瑕疵稿件中的价值，并对其进行加工修改，这也是编辑工作的重要内容，同时也是衡量一个编辑是否优秀的重要标志。

作为新闻编辑，应该时刻具备"翻新"意识。面对一条新闻线索、一篇新闻稿件，必须仔细掂量、反复比较，力求思考更深入，视野更宽阔，联想更广泛。"翻新"一要看原稿中有没有未被记者发现，却更具有新闻价值的内容。二要看能否从单一的具体事实的报道，引发对某种普遍社会问题的思考，并促进问题的解决。三要看报道的事实有无不合适之处，与现行政策有无冲突之处，报道出去是否有副作用。四要看使用何种报道形式，是消息，是通讯，还是评论？五要看选择什么时机才能发挥更大的传播效果。

经过新闻编辑几次"翻新"的稿件，和原稿已经有质的差别了，也就更符合"新闻"的定义和价值了。

二、新闻编辑的类别划分

按照不同的划分标准，新闻编辑可以分为不同类别。区分新闻编辑的类别，有助于我们了解其工作性质和内容。

（一）依据不同媒体来区分

依据不同媒体来区分，可以分为报纸新闻编辑、广播新闻编辑、电视新闻编辑、网络新闻编辑等。

报纸新闻编辑，是指在报纸媒体的从业者进行的专业工作。在我国，报纸有许多分类，如按照内容，分为综合性报纸和专业报纸；按照隶属性质，分为党报（党的机关报）和非党报（各类都市报等市民类报纸）；按照出版时间，分为日报、晚报、周报（星期刊）等。各种划分，不一而足。

报纸的新闻编辑工作范围主要有确立编辑方针、制订报道计划、组稿、选稿、改稿、拟定标题、设计版面等。

其他媒体的新闻编辑工作性质、流程，多由报纸新闻编辑派生而来。不同的媒介因其属性和技术特性，对其新闻编辑有特殊的要求和流程。如广播新闻编辑要深刻理解声音的特性，要懂得音频加工剪辑技术；电视新闻编辑要深入理解电视声画结合的特点，懂得视音频剪辑技术；网络新闻编辑随着网络传播勃兴而崛起，编辑既要懂得网页编辑技能，还要懂得设计链接、多媒体组合和互动等。

（二）依据新闻的内容属性来区分

依据新闻的内容属性来区分，可以分为时政新闻编辑、经济新闻编辑、体育新闻编辑、娱乐新闻编辑等。这种划分一目了然，是我国最流行的一种分类。

（三）依据工作对象的类别来区分

依据工作对象的类别来区分，可以分为文字编辑、图片编辑、版面编辑、音频编辑和视音频编辑等。在服务于不同媒体的媒介定位总原则下，每类编辑对编辑人员的素养有不同要求。文字编辑要有深厚的文字功底；图片编辑要懂得摄影和图片加工处理技能；版面编辑要有一定的美术基础；视音频编辑不仅要懂得相应的剪辑技巧，还要能深刻领悟视音频的美学表达潜力。

（四）依据编辑工作时间来区分

依据编辑工作时间来区分，又分为日班编辑和夜班编辑，这主要是报纸新闻业务运作的方式。夜班编辑的任务，一是负责处理在报纸发排之前发生的新闻，二是负责出版前的最后几道工序，如配发重要评论、制作标题、设计版面等，其责任非常重大。

进入21世纪以来，各类新媒体异军突起，相应地又出现了许多新的编辑类别，如数据新闻编辑、微信公众号编辑、VR（虚拟现实）编辑等，都要求从业者具备相应的新媒体技术。这对新闻编辑队伍的素质提出了新的挑战，也对新闻教育提出了新的要求。

第三节　新闻编辑的任务与人员定位

一、新闻编辑的具体任务

作为媒体工作一个组成部分的新闻编辑工作在完成传媒根本任务的过程中，担负着自己的特定任务或具体任务，这个任务概而言之就是对媒体的内容和形式进行总体设计，并通过稿件的选择、修改和编排来组织实施，最后把好的内容，运用好的形式，组成好的报纸版面或广电节目或网站页面奉献给受众。

新闻编辑工作的具体任务是由它的特性决定的。依据新闻编辑工作的特性，其具体任务包括如下几个方面：

（一）新闻编辑的决策任务

决策，亦即策划，是指编辑为解决新闻工作中关系全局性的问题所做的判断和行动设计。新闻编辑负有决策的重任，是因为编辑首先是报道计划的制定者，担任总编辑、部主任职务的编辑，更是驾驭全局的决策者，他们直接掌握着媒体创办或改进的方向，直接影响媒体产品的质量。尤其是总编辑，更是负有为整个媒体进行决策的重大责任。

新闻编辑的决策按层次来分，可分为战略决策、战术决策、战役决策三种。战略决策是有关媒体的总体决策；战术决策是一个较长时期、较大范围的报道决策；战役决策是关于较短时间、一个较小范围的报道决策。战略决策指导战术决策和战役决策，并依靠战术决策和战役决策来实现。二者相辅相成，构成统一的决策系统。新闻编辑决策的内容主要包括：参与确定媒体的编辑方针，负责制订报道计划，对报道的内容、数量、地位、报道方法做具体安排和适时调整等。有关策划的问题，将在策划篇中做详细介绍。

（二）新闻编辑的加工任务

在传统观念中，有人认为新闻编辑工作就是剪刀加糨糊的技术层面的简单劳动，显然这是一种误解。新闻编辑工作是一项具有一定专业性、创造性的工作。不过，相对于作者的直接创造性劳动而言，新闻编辑工作的创造性具有间接再创造的性质和隐匿性的特征。他们把自己的劳动与智慧融化在作者的创造中，这是一种具有鲜明服务性特色的创造性精神劳动。以一篇见报的新闻作品为例，编辑为作者从主题、内容到语言文字、篇章结构上所做的各种性质的加工改造，社会公众是很难看到的，真可谓"为他人作嫁衣"。

编辑的再创造或加工，不仅仅体现在对具体作品的修饰字句（声音或画面）、润饰加工上，而且贯穿在整个新闻编辑工作的过程中，从约稿、组稿、选稿，一直到制作标题、组织版面或页面、制作节目板块，自始至终都包含了编辑的创造性劳动。总之，加工任务是编辑处理新闻稿件信息中，必须完成的一个非常重要的具体任务。

编辑的加工包含着主动的和被动的两个方面。一方面，编辑加工处理新闻信息时，既不能随意改变作者的本意，又不能随意改变原稿信息的风格，更不能主观臆造或任意篡改事实，因而编辑工作有它的局限性，是被动的。另一方面，编辑通过对新闻信息的加工处理，要提高整个报道的思想性、指导性和艺术性，最大限度地发挥新闻稿件信息中的新闻价值，要充分发挥编辑的主动性，因而编辑工作又是能动的。编辑加工的能动性主要表现如下：

1.发挥原稿的潜能

新闻稿件无论是文字的还是声像的，往往有一种潜能，而作者本人因各种各样的原因不一定能够意识到它。编辑的任务就是通过"再创造"的艺术，消除原稿中的消极不利因素，使稿件的潜能最大限度地发挥出来：其一，通过去粗取精、沙里淘金的方式，把稿件中最精彩的内容凸显出来，使稿件具有最大的吸引力。其二，采用最恰当、最有效的表现方法、表现形式，使稿件为受众易于并乐于接受，从而使传播效果最大化。其三，选择最佳发表时机，使稿件发表后能够产生最大的反响。其四，编辑还可以通过特有的编辑手段，如标题的设计、稿件的配置、版面（页面或节目）的编排等，使稿件的潜能进一步得到发挥，争取最佳的社会效果。

2.沟通传者与受者的思想

第一，作者（传者）和受众（受者）之间构成传播的两极，他们通过某一特定的媒体结成了一定的社会关系，只有当这种社会关系是融洽的时候，传播才能取得良好的效果。然而，作者作为传播的一极，由于受一定条件的限制，未必能完全了解受者之所需，在如今媒体竞争促使传者本位向受者本位转移的时代，作者所发出的内容信息很可能不完全切合受众的口味，这样所传播的新闻信息难免夹杂着某些妨碍传播的"噪音"，比如稿件太长，该突出的内容没有突出、缺乏背景材料等。而编辑相对于作者来说，对受众的要求和心理有比较多的了解，因此在加工的过程中就可以消除其中的"噪音"，使新闻信息能够更好地传送给受众。

第二，受众对作者发出的新闻信息也有一个"注意—阅读（视听）—理解—接受"的过程。有时，作者发出的信息，受众是愿意接受的，但因故未能引起受众的注意；有时虽引起了注意，又因稿件太长，没有时间等原因，而不能产生去接受的行为；有时虽然接受了，但又不能理解。凡此种种，都不能达到传播的目的。编辑加工的任务，就是要采用各种有效的编辑方法，使作者发出的信息能够引起受众的注意，便于受众阅读、视听，从而为受众所理解和接受。

（三）新闻编辑的把关任务

新闻编辑工作的重要特性之一就是新闻报道的总把关，新闻编辑人员是新闻传播"驿站"中的"把关人"。

"把关人"一词在西方传播学中叫"gatekeeper"，即看门人，认为编辑工作在防止和消除报道差错，以及正确引导舆论方面，确实担负着特别重要的责任，如同足球场上的守门员，不能有任何疏忽。然而，把关并不是"锁门"，编辑不仅是足球的"守门员"，而且还应该成为排球的"二传手"，要千方百计地打好接应，巧妙地组织好精彩的"进攻"。

编辑人员把关时应该把握如下几个关键问题：

第一，根据编辑方针、报道计划和客观环境，通过取舍稿件或节目来把握新闻报道的方向，体现编辑方针。即编辑审读（视听）和选择时，决不能从个人好恶出发，滥用稿件取舍权，选用什么稿件，舍弃什么稿件，应该与编辑方针和报道计划相符合。

第二，编辑把关既要阻塞，也要开导。即阻挡假的、劣的、错的东西，而对真的、好的、正确的东西要创造一切条件放行，使"假恶丑"无处容身，"真善美"畅通无阻。编辑这个把关人如同掌握着交通要道的红绿灯，他对稿件既能开红灯阻挡，也能开绿灯发行。

第三，编辑把关既要勇敢又要慎重。所谓勇敢，就是要敢于阻止坏稿通行，也敢于为好稿开"绿灯"，尤其是对于好稿的非难，无论来自何方，都要据理力争。所谓慎重，是因为编辑把关是在时间紧迫的情况下进行的，尤其那些身处报刊付印、广播电视节目播出、网站页面展示前最后一道关口的编辑和总编辑，他们在履行阻塞或开导职责时，稍有不慎就可能酿成错误，因此编辑工作的把关必须一丝不苟，慎之又慎。

现代媒体舆论导向的正确与否，关键在于编辑的严格把关。在当今错综变化的时代背景下，编辑要严格把好媒体的政治关、事实关、文字关、艺术关。

（四）新闻编辑的发言任务

媒体不仅要忠实地报道事实，而且要对现实生活的各种问题表明自己的态度和立场，做出自己的评价和分析，亦即发言：赞成什么，反对什么，限制什么，从而引导人们去判断是非，认清方向。通过发言，媒体旗帜鲜明地表明自己的立场和态度，以此实施正确的舆论导向。如果媒体面对现实生活的重大问题、各种矛盾，或坐视不管，或模棱两可、含糊不清，或绕着问题走，必然会给人们带来思想的混乱，这是媒体的失职失责。因此，媒体应该而且有必要发言，并巧妙地发好言。

媒体发言主要是通过编辑来进行的。发言是新闻编辑工作的重要任务之一，编辑人员是媒体的主要发言人。现实生活是丰富多彩的，社会生活的矛盾是纷繁复杂的，因此，媒体发言的方式也是多种多样的：有直接发言的，也有间接发言的；有显性发言的，也有含蓄发言的；有篇幅长的发言，也有片言只语的发言。编辑应该根据不同的新闻内容，不同的问题，不同的情况，灵活采用不同的发言方式。

1.直接发言

直接发言是指组织撰写各种评论，如社论、评论、短评、按语、编后等，这是媒体最重要的发言手段。编辑应该经常组织、撰写好的评论，这是编辑义不容辞的责任。总编辑或副总编辑亲自撰写评论是我国党报媒体的优良传统，倘若一个报社的老总从来不联系实际撰写言论，至少可以说是一个不称职的总编辑。

一般说来，对于涉及全局性的重要问题和重大事件，对实际工作有指导意义的新事物、新动向，需要采用直接发言的方式，以此来分析和揭示各种事物在现实生活中的指导意义，阐释事物发展的规律，引导人们正确认识和对待各种客观事件，使之跟上时代前进的步伐。

2.间接发言

间接发言是指采用发表来信、问答、工作访问、批评、建议、以作者名义写的言论、撰写新闻提要，以及各类节目的解说词、串联语等方式来发言。间接发言能够起到表扬、批评、要求、建议、号召、监督，同时能够影响受众的情绪，起到引导舆论方向的作用。另外，从广义上讲，每篇新闻稿件对各种事物的抑扬或褒贬，都是媒体间接发出的声音，亦即间接发言。

3.含蓄发言

含蓄发言是指通过标题的长短、字号的大小、位置的高低、次序的先后不同来表示稿件之间的轻重、主次的发言。或运用编排手段和版面空间的不同组合布局，引导受众判断稿件的意义。这种发言方式完全有别于评论，评论一般有深入的分析、周密的论证，它对事物的分析、判断、论证的过程，通过文字或声像直接地表现出来。版面发言则是对稿件的内容进行分析、判断以后，把这种分析、判断的认识结果，通过编排手段，以版面的具体图像间接地表现出来。因此，无论是标题发言还是版面发言，都是比较隐蔽的、含蓄的，常常起到文字语言所不能起到的作用。

如果以篇幅长短而言，发言方式有长篇发言，如社论等；有简短发言，如按语、标题发言等。

总之，发言的方式多种多样，无论采用哪种发言方式，作为编辑，都要以客观事实为依据，坚持实事求是的态度，并注意说服力和感染力，使受众不仅受到教益，而且能够欣然接受。因此，作为编辑既要敢于发言，又要善于发言。

二、新闻编辑人员的定位

（一）新闻编辑人员的知识结构

一般说来，新闻编辑应具备以下四类知识：

1.基础知识

基础知识指文、史、哲方面的知识。虽然我们不能要求编辑成为文、史、哲方面的专家，但编辑要在此方面具有相当的功底却是非常重要的。

就文字编辑而言，编辑首先应具备"驾驭"文字的能力。编辑是信息传播的中介，要想准确、有效地传播信息，必须熟练地运用语言文字这个工具。著名语言学家陈原先生就曾说过："语言文字（口头语言、书面语言）是一切编辑工作的基础。所以传播媒介，其中特别是报纸书籍的编辑，应当毫无例外地掌握驾驭文字的艺术。"①在史、哲方面，编辑也应当有较深的功底，编辑具备史、哲方面的知识，就可以运用辩证思维，从唯物史观的角度发现并校正来稿中的错误，从而保证稿件整体的正确性和逻辑性。

2.专业基础知识

专业基础知识主要是指新闻学概论、传播学学科的相关知识。这些知识是新闻专业知识的基石，又是能用以指导实践的专业理论知识。

一位优秀的新闻编辑，不但要熟悉编辑工作的流程，还应通晓新闻专业的基础理论知识，因为这些基础理论源于实践同时又可以很好地指导实践。学习研究新闻理论，了解新闻传播规律，懂得新闻工作的基本原则与方法，可以提高编辑工作的自觉性，减少盲目性。一个用心的新闻编辑应不断地结合编辑实践，及时总结经验，并适时将其上升到理论的高度。

3.专业知识

专业知识是指编辑、采写、版面设计、摄影之类专业性较强的知识。这类知识仅仅从书本上学习是不够的，必须在学习理论的同时不断地在实践中锻炼、提升。

4.百科知识

百科知识是指各种知识，即各学科、各领域的知识。之所以要具备百科知识，是由编辑工作"杂"的特点决定的。编辑每天接触的稿件往往来自不同的领域，为了增强编辑不同稿件的科学性，编辑人员平时要注意拓宽自己的知识面，尽量开阔自己的视野。

（二）新闻编辑人员的道德修养

这里说的道德修养，主要是指职业道德修养。在一个物欲观念强烈碰撞的时代，新闻编辑人员难免会遇到各种各样的诱惑，想要抵制这种诱惑，坚守新闻职业理想，保证新闻的客观性、公正性，就必须树立正确的人生观和价值观，增强自身的道德修养。那么具体应该怎么做呢？

1.爱岗敬业

编辑工作者是"幕后英雄"，他们将作者送上来的"素材"修改成符合报纸特点、符合传播要求的"成品"，见报后读者记下的却是记者的名字。在很多人看来，编辑把稿件修改得更好是应该的，而出了问题，编辑的责任却是重大的。

---

①陈原.论"驾驭"文字的艺术[J].编辑学刊，1994（05）：38-46+72.

2.读者观念

报纸编辑人员从一开始制订办报方针、政策和计划时就应当以受众是否喜欢、读者是否同意、公众是否拥护作为办报的准则。让报纸的形式、内容更多地面向群众、反映人们生活。读者是报纸的上帝，读者的喜爱是对编辑工作的最大奖赏，也是编辑工作的无穷动力所在。一个称职的编辑应注重加强同群众的联系，除了要与作者、读者打交道外，还要与传播过程中的许多环节中的人员进行交流，只有了解群众所想所需，才能及时调整编辑方针和内容提供，办出高质量的报纸。

3.廉洁自律

新闻编辑有选择稿件的权力，在使用这个权力时，要提醒自己廉洁公正，正确处理好各种利害关系，坚决抵制拜金主义、享乐主义和个人主义思潮的侵蚀，反对"有偿新闻"，正确对待和处理好关系稿、人情稿，杜绝权力稿、金钱稿，自觉与各种腐败现象做斗争。

4.勇担责任

编辑是新闻报道的"把关人"，编辑选择及修改后的稿件所具有的倾向性代表着媒体的立场和态度，同时也是公众舆论的重要表现形式，这对营造良好的社会风气有着重要的作用。所以编辑要有不畏强暴、嫉恶如仇的精神，鞭挞黑暗，伸张正义，为社会进步和正义事业尽到自己的一份责任。

（三）新闻编辑人员的能力要求

一个合格的编辑还要有一定的业务能力。

1.创新能力

由于目前报纸竞争的加剧，创新成为摆在各报纸面前的重大课题。从某种程度上说，创新意味着能够在激烈的市场竞争中生存下去，没有自己独特风格的报纸只能被市场淘汰，这是市场竞争的无情法则。在报纸生产过程中处于"总设计""总把关"地位的编辑自然就要责无旁贷地担负起创新的重任。可以说，一份名牌报纸，处处闪烁着编辑与众不同的创新能力。编辑的创新能力具体包括：

（1）新闻策划能力。新闻策划包括从出点子到实施点子的全过程。它不同于一般的计划，它追求突破，从内容到形式都要令人耳目一新。因此，新闻策划贵在创新。这种新闻策划不能背离新闻真实这个基本要求，相反，它是以新闻价值和新闻事实为依据的。编辑一是要有"预事"能力，要能预知大事，不漏小事；二是要有"预效"能力，能够预知这条新闻的社会反响；三是要有"预机"能力，采访的时机、采写的角度等都要能预先确定。

（2）专版策划能力。专版策划能力体现在形式与内容两个方面，专版编辑要讲究运筹，讲究谋略，改变以往守株待兔或集稿的方式，要变守为攻，变被动为主动。要做到选题创新、内涵丰富，要贴近群众、贴近生活，抓住热点问题，进行正确的舆论导向，从而把专版办得富有特色，逐渐形成自己的风格。这种专版的策划在节假日及突发事件的报道中显得尤为重要。

（3）评论创新能力。要办成名牌报纸，从内容到表现形式都必须创出新意。在见诸版面的各类文稿中，评论是比较容易显现新意的一种。评论是仁者见仁、智者见智的一种文体，编辑在编排来稿或自己配写评论时要注意挖掘事件的新意，要能够于平淡处见神奇，于无声处听惊雷。立意鲜明、角度新颖的评论往往能牢牢吸引读者的目光，能培养读者对报纸的忠诚度。

（4）专栏策划能力。编辑在选题时要有创新能力，要能够突出时代精神，可适时开设一些富有时代精神的小专栏，以灵活多样的形式反映时代风貌，贴近百姓生活。

（5）标题创新能力。标题是文章的眼睛，是文章主题最简明、最有力的体现。要想使眼睛亮起来，关键要在标题创新上下功夫。编辑要善于发现稿件中最吸引人、最有新闻价值的地方，然后以新鲜、醒目的形式体现出来。在编排标题时要讲究标题的文采，此时编辑的文、史、哲底蕴就显得非常重要。

（6）版面创新能力。版面是报纸的面孔，是报纸留给读者的第一印象，版面的设计越来越受到报纸的重视。版面推陈出新的需要，给编辑提出了更高的要求：增强审美意识，增强艺术感知，能够传达视觉美感。富有新意的版面能够给读者留下良好的印象，不但增强他们的阅读欲望，而且能给他们以赏心悦目的艺术享受。

2.组织协调能力

编辑工作是整个报纸工作的轴心。编辑部的结构和工作程序，都是围绕这个轴心设置的。可以说，在整个报纸的生产过程中，编辑具有一种黏合剂的作用。编辑把报纸的各个工种有机地结合起来，并使之正常运转，保证了生产过程的顺利进行。从总编辑到记者、美工、校对、资料人员以及广告、发行、照排制版、电脑操作人员等，都无一例外地要与编辑打交道，如果没有编辑工作，整个报纸的出版工作就无法正常进行。

编辑的重要作用，决定了编辑应具备相应的组织协调能力。编辑应像红线、纽带和脉络一样来牵动、沟通和连接各部门，以保证每一个环节都能够环环相扣、有条不紊地开展工作。编辑要统观全局，做到"胸中有丘壑"，树立正确的世界观，掌握科学的方法论，对一些重大问题，能够站在战略的高度，进行预见性、针对性地研究，并能够适时指导编辑部各环节的工作。既能从大处着眼，又能从小处入手。

编辑增加自己的协调能力，要求编辑平时要注意提高自己的社会活动能力与交往能力，因为新闻工作是一种社会性极强的工作，牵涉的范围极广。一名合格的编辑自然不能只待在办公室里编辑来稿，还必须是社会活动家，他必须深谙自己所处时代的特征、社会习惯、文化背景和风土人情。他既能与达官贵人畅叙政坛风云，又能与文人墨客一道吟风弄月，还能和平民百姓一起促膝谈心。编辑只有具备了较强的社交能力，才能知道怎样去协调与周围同事、朋友的关系，知道为取得有价值的线索应采取什么样的方式，真正做到表面看似风平浪静，一切却早已了然于心，这才是优秀的编辑人才所应达到的境界。

3.鉴别能力

鉴别能力是指编辑对稿件的判断能力。编辑具备鉴别能力这一要求源于编辑是报纸的"把关人"这一职能。如果说记者从事采访，同新闻来源直接发生关系，可以叫作"第一把关人"，那么编辑从事新闻产品的最后加工和定稿，则可以叫作"最后的把关人"。经过编辑的手，新闻报道是正确的还是错误的，是完善的还是不足的，就可以做出最终决定。后面的环节，如印刷等一般不可能对内容进行任意修改，所以编辑的这种"最后把关"就要求编辑应当具备敏锐的鉴别能力。

编辑对稿件的鉴别大致包括三个方面：

第一个方面是政治倾向的鉴别，这是选用稿件的重要前提。编辑要认真负责不让违反马列主义、毛泽东思想、邓小平理论的错误观点流传出去，不让违背党的路线、方针、政策、文件精神的提法流传出去，不让涉及我们党和国家的各种机密的内容和字句流传出去。

第二个方面是事实真伪的鉴别。对于稿件中报道的事件，编辑要独具慧眼，切不可偏听偏信。新闻以真实性为前提，而有的记者为了达到某种特殊目的，不惜制造假新闻。如果编辑不具备鉴别真伪的能力，一旦让这种假新闻刊登出去，其对读者感情的欺骗以及对报纸信誉度的损害都是难以弥补的。鉴别事实真伪的能力来自编辑长期的工作经验以及对生活的感情，这就要求编辑不能只在办公室里编稿件，还要经常深入人心，丰富生活阅历，开阔自己的眼界，只有如此，才能练就一双敏锐的慧眼，才能不让虚假新闻有可乘之机。

第三个方面是稿件质量的鉴别。有经验的编辑应当在看完稿件后就对稿件的质量做到心中有数。稿件有无新意，能否刊登以及具体的修改工作应从何处下手等都已了然于心。编辑有选择和修改稿件的权力，因此稿件的命运往往系于编辑一念之间。一个缺乏质量鉴别能力的编辑很可能会轻易地埋没有价值的稿件而浑然不知，所以优秀的编辑应该是善于发现"千里马"的"伯乐"，以发现有价值的稿件、培养写作新人为乐事。编辑对稿件的鉴别能力是编辑基本修养和工作经验的综合体现。一般说来，理论修养、知识修养、职业道德修养越高的人，对稿件质量的鉴别能力也就越高。

4.写作能力

写作能力是编辑的一项基本功。写作能力对编辑工作的意义十分深远：一是编辑可以体会到新闻写作的艰辛，从而认真对待他人来稿，增强编辑审稿的责任感；二是可以掌握写作规律，运用新闻写作规律审阅稿件，提高审稿、改稿的能力；三是通过写作进一步促进自己了解和掌握新闻学科前沿的最新信息，提高自身的业务素质。许多前辈编辑都是既长于编辑工作又勤于新闻写作，成为学者型的著名编辑、作家，如邹韬奋、邓拓等。

编辑自身的写作水平会明显地影响其处理稿件的水平。如何使稿件的主题凝练、层次清晰、文辞简洁、标题鲜明等，都离不开编辑的写作功底。一个没有一定的知识水平的编辑不但改不出好的稿件，甚至还可能将原来的好稿件改得面目全非。另外，在必要的情况下，编辑还要配写评论，这更是编辑写作能力的直接体现。一篇好的稿件如果配上蹩脚的评论，那实在是报纸编辑的一个败笔。

增强编辑的写作能力，要求编辑平时要博览群书，内容涉及的领域要尽可能地广泛。一篇修改后神采飞扬的稿件是编辑多年文字功底的体现和自身文学素养的结晶。

5.审美能力

新闻编辑的实践告诉我们，凡是能够经得住时间的考验，历久弥新的新闻作品，无一例外都具有很高的美学价值。无论是文字的编排、标题的制作、版面的设计以及花边的运用、照片的修剪、漫画的穿插等都能够折射出编辑的审美水平。

编辑的审美能力首先要求编辑要具备"美"的情感，能够与作者、读者真心地交流。这种情感是真实人性的流露，是与读者产生的共鸣。编辑的这种情感，会渗透到具体的编辑工作中，引导编辑去选择美的内容，创造出新的形式。

编辑在选择稿件时，要注意维护社会道德准则，传播自身的审美观念，不能仅仅满足于对读者简单的信息告知，而应着眼于长远，用较高文化含量的作品对读者进行审美能力、审美情趣的引导，以优秀的作品呼唤时代新风，维护社会正义，坚持用优秀的作品鼓舞人，用高尚的情操感染人。

选择了"美"的内容，还要赋予其以"美"的形式。对于编辑而言，这种美的形式大致包括两个方面：一是通过对稿件的修改，赋予单稿以能够较好承载其内容的恰当形式，即语言要准确、流畅，层次要清晰、分明，标题要鲜明、突出；二是要创造出"美"的版面风格，具体表现在稿件间的合理配置、编排手段的适当运用、文字与图片的合理搭配等方面。版面作为"报纸面孔"，其风格最能体现出编辑的审美能力，编辑在设计版式时，既要注重图文并茂、多姿多彩，又要注重标题、字符、图片、空白的相得益彰，还要发挥题饰、字形、花边、网底的装饰作用，创作出或者有阳刚之美，或者有柔雅之风的版面。

总之，作为一种社会精神产品生产过程中的一个环节，编辑的基本劳动就是审阅、修改、组版，这既是一种创造性的劳动，又是一项审美活动。编辑人员在具体的工作中应当自觉地将美学知识运用到实践中，使自己的劳动成果成为一件艺术品，使它们整体协调，从而达到艺术形式的完美。

6.现代传播技术操作能力

报纸编辑要时时关注国内外新闻领域的最新动态。国内外各种报纸丰富多彩的报道形式、妙不可言的版面设计、视觉冲击力极强的新闻摄影、颇具特色的独家新闻等，都会令我们耳目一新。

近些年来，由于高新技术的崛起，电子技术被迅速而广泛地应用于编辑、排版、信息储存、传输、印刷等领域，实现了计算机处理的一体化，这给新闻编辑的创新开辟了广阔的天地。作为报纸编辑要掌握并熟练运用这些新技术，使这一优势发挥出来。可以说，对于现代新闻编辑而言，对最新技术的掌握，是编辑工作的一项基本能力要求。

第四节　新闻编辑工作的特性及流程

一、新闻编辑工作的基本特性

（一）从属于大众传播活动

人类的传播活动有自我传播、人际传播、群体传播、组织传播和大众传播几大类别。从历史发展轨迹和经验上考察，前四种传播一般情况下没有编辑活动出现，而第五种即大众传播则主要指社会媒介组织通过大批复制，并及时传播各类信息，从而影响为数可观的受众的一个过程。大众传播需要传播组织（机构），更需要传播媒介作为信息的载体。在信息的大批量加工、复制工作环节上，出现了对信息做综合、全面处理的专职人员，这主要指向编辑职业者，如果是对新闻性信息进行处理，则成为新闻编辑者。由此可见，做新闻编辑工作主要是围绕大众传播媒介中的新闻媒介进行的，编辑者着眼于如何利用传播工具来面向社会大众传播新闻信息，表明观点，服务社会，承担责任。因此，新闻编辑工作与政治、经济、文化、教育、艺术、科研等社会活动有着反映与被反映的关系。新闻编辑工作的终极成果——新闻作品也需依附于新闻媒介才能达到批量被推向社会大众的目的。

都说明，新闻编辑工作与大众传播活动形影不离，新闻编辑工作只能从属于大众传播活动范围内，而不是另寻归属。

（二）专业性

人类社会活动的不同分工，导致了不同行业的出现，各行业从业者只有具备本行业必要的专门知识、技能和综合素质，才有可能在本行业立足并做出好的业绩。同理，在大众传播活动中的新闻编辑领域，只有具备了足够的与新闻有关的知识与技能，才能将新闻编辑工作胜任，这是一个基本常识。不过仍需要强调的是，新闻编辑是一项专业水平很高的工作，对从业者各方面素质有着严格的要求。因为它关系着无数接收新闻信息者的利益，决定着新闻传播质量和传播效果，一般人不易完成好这项综合性很强的工作。从这个角度而言，新闻编辑工作的专业性特征，就具有了不一般的意义。专业性已赋予了这项工作特别的要求。

同一般编辑工作一样，新闻编辑工作也是一种再创造性劳动的重要体现。它不是对人们精神文化成果的纯技术性简单加工，而是综合了新闻编辑人员时间、精力、思想、智慧、技能等多方面投入的再创造性劳动，形成合乎传播要求的新闻产品推向社会。新闻编辑工作的再创造性还可从两方面理解：其一，将所在新闻传播媒介应代表的政党、政府、社会集团、社会群体等要求的传播意图，通过制订编辑方针、报道或评论计划，在新闻传播实践中加以体现，这当中由前期的计划变为后期的实践成果，整个过程中蕴含着丰富的创造性劳动；其二，通过对具体新闻性原创稿件的加工、处理和整合，达到从整体上体现编辑方针和传播计划的要求，这也是一个再创造的过程，它要投入编辑者的心智和多方必要劳动。

（三）新闻特性

这是从新闻学的角度对这项工作做出性质上的规定。既然是新闻编辑工作，那么新闻学的一些基本原则与要求自然应该在这项工作中得到充分贯彻和体现，如新闻编辑工作中的时效性要求，公正、客观、全面性原则的坚持，对稿件处理中真实性原则的遵循，注意引导正确的舆论，传播内容体现党性要求，树立社会责任意识，自觉恪守新闻职业道德与法规等。新闻性是新闻编辑工作的内在属性之一，这里指出这种属性，目的是提醒新闻编辑工作者在从事自己的职业时，不要忽视了所做的是新闻编辑工作，而不是其他性质和类别的编辑工作，所以，一定要让自己的本职工作体现出明显的新闻特性来。

（四）导向性

新闻传播是一种有目的的传播活动，新闻传播媒介组织（机构）在运行中应该体现出所在国家的政治理念和不同政党、各级政府及社会团体的意图。这些都是新闻媒介组织得以生存、发展的必要生态条件。同时，新闻媒介组织要考虑最广大受众的实际利益，承担起应尽的社会责任。因此，该传播什么、不传播什么、怎样适时传播、如何以有效途径传播、向哪些对象传播、传播后会出现什么舆论反应及走向等，这些重大问题，都会在新闻媒介组织（机构）的新闻编辑环节和具体工作中得到认真考虑与解决。所以说，新闻编辑工作不是随心所欲、漫无目的，而是有着明显的标准与价值取向。新闻编辑成果被新闻媒介推向大众后，也带着幕后编辑者的无声语言和某种倾向，表达着编辑者的传播意图，这种导向性是时时或隐性存在着的。

（五）中介性

新闻编辑工作是具体组织和实际推进以新闻信息传递、交流为中心的精神产品加工与协作的媒介活动中间环节。新闻编辑活动一般不是直接创造新闻信息的过程，直接采、摄、写新闻信息的是新闻媒介机构的记者、通讯员等人，他们手上的初始性信息成果要通过新闻媒介传播渠道向社会披露并广而流布的话，就必须同信息的处理者——编辑人员发生联系，并通过一系列编辑活动作用后才可以凭借媒介流向众多的信息接收者——受者群体。由这一过程可见，新闻编辑工作处于新闻信息的采制、提供者与信息接收者的中间位置，它是一项具有中介性质的信息处理与发布工作。另外，作为从事新闻编辑工作的这类专职人员，也可被看作是新闻信息的采摄写、提供者和信息终端接收者的中间人，因为新闻编辑者的存在和两端牵手，整个新闻信息由源头到流动再到终端，才形成一个顺畅和保证质量的传播过程。作为中介者的编辑人员，在新闻传播工作顺利推进中功不可没。

（六）隐匿性

新闻传播的一个特点是新闻信息采写（制）者的劳动成果，经由新闻传播媒介广而告之地发布后，得到无数人的接收、接受，采写（制）者名声、劳动报酬会得到社会认可，而为使新闻信息采写（制）者初始成果得以高质量发布、刊播做出重要付出的中间人——新闻编辑工作人员及其无数劳动过程与状态，则要隐匿于新闻信息成果背后，不被多少人看见、感受和了解。因此，说编辑劳动是一种为他人作嫁衣的劳动，已成为人们评价编辑工作的共识，新闻编辑工作同样具备这种特征。新闻编辑工作的这种隐匿性集中表现在对新闻信息作者稿件的具体处理过程中，包括从内容到形式的多方审核、修改、整理、组合直到发布、刊播方式的各个环节，而这些行为都是在一种非显性的幕后状态下和年长日久中实施的。经过新闻编辑行为处理后的作者原创信息稿件，融入了编辑者无法统计和过细描述的心智投入与点滴心血，而这些有形或无形的劳动投入都隐藏在经过处理的稿件背后，诠释出新闻编辑工作过程的一种隐匿特征。

新闻编辑工作无数的过程在隐匿状态下完成，这项工作从事者的劳动状况与环节不易被人看见，但是，一旦他们的工作过程有了结果，又必须公开化。这种工作结果就是经过具体编辑行为而产生的再创性新闻作品及其有机组合，它们通过新闻媒介平台刊播、发布出来，面向受众，影响受众，并接受来自受众的评价。所以，新闻编辑的工作过程不为多少人知道，而工作结果又必须让更多人知晓，使传播效果达到最大化。由于大众传播活动对新闻媒介运行的内在要求，新闻编辑工作借助新闻媒介而最后推出的编辑成果公开化程度，是人类许多劳动成果在公开时所无法比拟的。新闻编辑工作的隐匿性与公开性就这样前后相挨地统一在一起。

（七）综合性

第一，新闻编辑工作的联系点多、联结面广。在新闻媒介机构内部，编辑工作处于中介（中枢）位置，要同机构内部上下左右各个分支部门发生多种联系。除新闻媒介机构以外，以新闻信息处理为核心的新闻编辑工作也会同社会有关部门、组织、团体、个人发生多种联系，以使新闻信息得以获得、刊播或反馈。

第二，新闻编辑工作不是单打独斗式的个人行为，一则新闻信息由采制到发布，这一过程从纵到横，从上到下，会有新闻媒介机构内外许多人的劳动投入进来，涉及媒介机构内部多个部门的配合与支持，新闻编辑工作只是居于这个过程中的核心位置而已。

第三，作为能顺利实施新闻编辑工作的编辑人员，必须具备较为全面的知识、理论、思想、道德、心理、能力诸方面合格素质，才能保证本职工作圆满完成。古今中外无数的编辑实践证明：没有较强综合素质的编辑者，是不能胜任这一工作的。

二、新闻编辑工作的流程分析

新闻编辑工作具有成熟、规范的流程。这种工作流程，可能因媒体的性质和规模有所差别，但总体上大同小异。随着技术的发展，这些工作流程也会发生一些变革，某些变革甚至是革命性的。

以传统的报纸为例，在人工排版的所谓"铅与火"的年代，仅仅在排版工序那一块，就有铸铅、拣字、压纸型等人工排版工序，耗时费力。一张发行到读者手中的报纸，要经历24道工序。20世纪90年代开始，计算机激光照排技术逐渐普及，我国以方正飞腾激光照排系统为代表的报纸编排系统，被迅速推广应用于各媒体行业，人工排版被取代，极大地提高了报纸的编排效率，也简化了工作流程。随着网络技术的发展，全数字化的电脑网络编辑系统又重构了新闻编辑的工作流程。在这一系统中，媒体内部通过局域网，实现了编辑、记者、各部门和层级领导电脑终端之间的互联互通，各报纸的采编管理系统，可以将采访、编辑、改稿、排版、签发等一切工作全部放在网上完成。

电视媒体的新闻编辑流程也有类似的发展历程。传统的电视新闻编辑在技术上要使用对编机对画面和声音进行组合。线性和手工操作不仅效率低下，而且极大依赖使用者的技术熟练程度。20世纪90年代中期，计算机和数字技术的发展，带来了非线性编辑系统的兴起。在非线性编辑系统下，可以对声画素材不按照原有顺序和长短，随意进行编排、剪辑，可以任意改变其中某个段落长度或者插入、删除其他段落。随着网络技术和计算机存储技术的发展，今天电视媒体的新闻编辑技术又有巨大发展。大容量的硬盘阵列、云存储技术，可以存储巨量的视音频素材，而网络技术又使素材调用、存取、共享、审看变得极为便利。

无论哪种媒体的新闻编辑，也无论其技术有哪些独特性，其工作流程都大致相同，我们仍以报纸为例来说明。概括起来，报纸的新闻编辑工作流程可以分为五个阶段：

第一阶段是选题策划、组稿阶段。新闻编辑根据媒介定位、中心任务和报道重点、热点，根据编委会提出的报道计划，向本媒体记者、通讯员通报采写要求。

第二阶段是稿件初审阶段。本阶段的工作主要由一线编辑完成，包括稿件初选、稿件修改、标题制作和"一校"。稿件初选是对本媒体记者采写稿件、通讯社和自由来稿进行初步甄选，选择可以刊发的稿件。稿件修改是对确定刊发的稿件进行事实、报道角度、文字、数据等内容的核对、审核。标题制作是对初稿的标题进行审核，不合适的标题要重拟。之后，再由编辑或专门的校对人员对稿件做第一次审校。审校的内容主要是文字表达和数据核对。

第三阶段是稿件二审阶段。本阶段的工作职责由各部门负责人和编辑共同完成。部门负责人对一线编辑初稿确定刊发的稿件，根据媒介定位、报道重点、新闻价值、轻重缓急、版面安排等原则，确定入选的稿件。这一流程中，有部分稿件被淘汰。确定刊发的稿件，由部门负责人签发审稿单，进入"二校"程序。"二校"之后，大部分一般性稿件经过部门负责人再次审核可以刊发，并直接进入"三校"程序。此时，编辑再根据稿件配置原则进行组版。

第四阶段是三审（有的称定稿）阶段。这部分工作职责一般由总编辑或代行职责的副总编辑完成。一般是对涉及重大政治议题、批评性议题的稿件。总编辑会根据党和国家的路线、方针、政策、宣传口径等原则，对其进行把关。稿件无论能否刊发，总编辑都要签发审稿单，明确审稿意见。

第五阶段是发稿阶段。对所有确定刊发的稿件，各一线编辑要根据负责的版面要求，对前期的版面安排进行审定，确定无误后交由激光照排部门。激光照排部门按样印制菲林胶片，再交给印刷厂印刷。印刷厂印制好后，交付发行部门发行。经过这么多流程后，一张报纸才能来到读者手中。

第二章

新闻编辑的策划与组织

随着经济的高速发展，人们日常生活内容和方式发生了巨大的改变，也是由于这种现状，人们对新闻质量越来越重视，对新闻编辑的策划与组织能力提出了更高的要求。本章以新闻编辑策划的理论基础为切入点，分析新闻编辑策划的流程及要求、探讨新闻报道的组织与调控、常见新闻报道的策划与组织。

第一节　新闻编辑策划的理论基础

一、新闻编辑策划的特征及意义

编辑策划是指编辑主体将编辑方针做具体化、实践化贯彻时的系统筹划、设计与周密部署的行为过程，它包括了人们各种编辑活动中的策划行为，如书籍编辑策划、杂志编辑策划以及报纸、广播等新闻媒介运行中的编辑策划等。

新闻编辑策划是编辑策划被进一步分类后的子概念，特指新闻传播媒介机构在进行新闻传播活动时，由新闻编辑主体及相关人员将新闻编辑方针做具体化、实践化贯彻时的系统筹划、设计与周密部署的行为过程。这里，将新闻编辑策划定义为一种行为，能更好地体现策划的本义。

（一）新闻编辑策划的明显特征

新闻编辑策划具有以下几个明显特征：

一是目的性。目的性是新闻编辑策划的一个重要特征。策划往往带着明显的目的与意图，新闻编辑策划就是为了实现新闻编辑方针主旨，为新闻媒介发展提供更好地服务，使媒介在竞争中赢得更大发展空间和受众市场。

二是主动性。作为一种目的和意图明显的行为，新闻编辑策划带有较强的主动性色彩，是编辑主体及相关人员努力作为和主动开展的一项工作，体现出他们积极行动、主动出击的工作作风。因此可以说，消极被动是新闻编辑策划的大敌，积极主动才是其应有风格。

三是创新性。新闻编辑策划应体现出较强烈的创新特征，这也是策划的价值所在。所谓策划与创意，往往表达了策划中应包含的创新、设计因素。一项没有多少创新的策划，其实施的结果也不会有多大反响，更不会给新闻受众留下深刻印象。

四是行为实践性。新闻编辑策划是一项实践活动，是一种行为过程，具有明显的动感特征。这一过程涉及多个方面人员的行动，需要付出大量心血，方能将设想性的思路与打算变为最后的劳动结晶。所以，将新闻编辑策划规定为行为实践过程是合适的。

五是前提规定性。新闻编辑策划行为必须在新闻媒介的新闻传播活动范围内进行，离开这一前提规定的策划，则不适宜于称为新闻编辑策划。可见，这种策划必须具备新闻特征。相对于新闻媒介运行中的所有策划而言，它只是其中的一类策划。当然，像新闻媒介的广告宣传策划就不在其列了。

六是编辑性。一方面，编辑性体现在这种策划行为的核心发出者是新闻编辑主体，而非新闻媒介其他职业人员，当然，也少不了其他人员的必要参与和配合；另一方面，这种策划过程必须围绕新闻编辑方针进行，服务于编辑方针，并在方针的指导下进行。所以，新闻编辑策划是新闻编辑主体发挥核心作用，实施编辑方针的行为，行为主体与行为内容都少不了相关编辑要素的凸显。

七是系统性。应该说系统性几乎是所有策划行为的一大特征。新闻编辑策划也不例外。系统性表明了这种策划不是孤立、随意或偶然的，而是涉及多个方面，在内容、形式、时空、方式等项目上具有内在联系和延续性，讲究秩序、条理、协调，注重因果关系的较复杂、系列的行为过程。

八是缜密性。新闻编辑策划注重一种严谨精细要求，无论对策划者素质，或对策划内容与形式而言，均要求较高。对策划过程更讲究严密周到，不允许出现失误。这种策划也十分关注效果和反馈意见。总之，追求一种周密与完美性，成为新闻编辑策划的一大特征。

九是抽象与具体的结合性。编辑方针是抽象性内容，将方针内容具体化、实在化，正是策划的目的。此外，将策划的方案变为行动，也是一个化抽象为具体的行为过程。正是抽象与具体的相互结合，使得新闻编辑策划在虚与实、设想与行动、主观期望与实践效果诸方面达到一种共存状态，进而保证新闻编辑策划的完成。

（二）新闻编辑策划的意义体现

第一，新闻编辑策划带来媒介运行观念的更新。新闻编辑策划概念的提出和这一理念在新闻媒介机构中的树立与强化，是时代发展的结果，它有利于改变新闻媒介被动的运行状态，而在竞争日益激烈的今天主动出击，关注受众市场需求，推出自我新形象，为自身发展争取好的环境。

第二，新闻编辑策划是贯彻新闻编辑方针的积极手段。新闻编辑方针要得到贯彻与体现，有两个基本手段，一是新闻编辑主体及相关人员在平常新闻传播活动中认真遵守执行新闻编辑方针，不出现偏离与失误，这是一种常规性体现；二是以积极姿态，发挥主观创造能动性作用，根据形势变化，采取主动出击手段。新闻编辑策划属于后者，它在新闻编辑方针指导下，经过新闻编辑主体及相关人员积极主动运作，使编辑方针得到更主动、目的性更强的体现，并有利于编辑方针的强化。

第三，新闻编辑策划可使新闻编辑方针具体化。新闻编辑策划既是一种积极体现新闻编辑方针的得力手段，也是新闻编辑方针得以具体体现的重要途径。编辑方针作为新闻媒介宏观运行的准则,具有确定方向的作用,在朝指定的目标迈进中,少不了具体的实践活动,每一次策划,都会使步子显出方向的指引力度与实际印迹。新闻编辑方针在由务虚向务实发挥作用时,需要新闻编辑策划这一环节。

第四,新闻编辑策划构成新闻编辑主体又一重要工作内容。传统型的新闻编辑主体工作多以处理、合成新闻稿件和优化新闻稿件载体表现方式为中心,而对策划关注度不够,甚至尚未树立这种意识,缺乏这方面素质、知识准备和技能。这与新闻传播媒介的发展阶段和一定社会条件有关。那么,到了当今时代,市场竞争加剧,社会变革多样,受众信息接收渠道增多,对新闻传播业要求提高。我们的媒介编辑主体如果故步自封,仍沿袭昔日编辑模式开展工作,则将落后于时代步伐,不适应于新形势的需要。因此,新闻编辑主体必须转变观念,树立起较强烈的编辑策划意识,加强这方面学习,将新闻编辑策划主动归入自己工作范畴,使工作处于主动、前瞻状态。

第五,新闻编辑策划为促进新闻编辑主体与客体的合作提供平台。前面已经分析过,新闻编辑策划具有系统性特征,它的行为实施将在内容、形式、时空及方式上涉及多个方面。其中就要与新闻编辑客体中的一般作者、记者、评论人员、播音与主持人员甚至一些受众发生工作联系,也与编辑主体同行者发生联系,如总编辑、编辑部门相关人员。因为策划是一项系统性、周密性工作,需要各方参与。这种参与性使新闻编辑主体的工作呈现出团队色彩,而不像一般情况下的孤立作战。因此,我们所理解和看重的新闻编辑策划,不仅是新闻编辑主体单个式的筹划、设计与部署(尽管这也是一种策划),而是更带有协作行为和团队色彩战役性的策划。正是这种策划,使新闻编辑主体走出较狭窄的工作空间,进入比较宽广的协作型平台,有利于媒介的新闻传播活动,体现出时代精神。

第六,新闻编辑策划为编辑主体发挥自身自觉、能动性作用提供了舞台。编辑主体具有一种自觉、能动性,主动出击是编辑职业中的一项工作要求。以往的新闻传播运行由于时代步伐、体制和社会环境等因素限制,没有给新闻编辑主体在这方面发挥作用提供较理想的施展舞台。那么在当今,随着编辑策划观念的增强和客观要求的日益强烈,新闻编辑主体主观能动性的发挥将更具一片理想天地。

第七,新闻编辑策划拓宽了优质新闻稿源。新闻编辑工作的主轴是围绕新闻稿件综合展开的,而编辑策划的终极目的是获得有创意、针对性强、主题深刻、能引起社会关注、刊播率高的优质新闻稿件,这是新闻媒介传播行为"找米下锅"的生动体现。可以说,新闻编辑策划的实施,将为新闻媒介带来许多高质量的稿件,它是拓宽新闻稿源的重要渠道。

第八,新闻编辑策划丰富了新闻编辑学内涵。将新闻编辑策划理念引入新闻编辑学中,并对这门学科的合理建构和内涵丰富完善起着积极作用。它可以使新闻编辑学对各级各类新闻媒介具体新闻编辑活动运行的指导更有明确性和创新意义。

二、新闻编辑策划的类型划分

（一）以报道客体的发生状态作为分类标准

以报道客体的发生状态作为分类标准，新闻报道策划可分为可预见性报道策划和非可预见性报道策划两类。

1.可预见性报道策划

可预见性报道策划是指对能够提前获知的事件性新闻和非事件性新闻的报道策划。卫星发射、奥运会等新闻事件或活动、纪念改革开放40周年等非事件性新闻等，都属于可预见的新闻报道内容，对这类新闻的报道策划可以提前进行。一些可预知的重要新闻事件往往备受各新闻媒体瞩目，是媒体重点报道的对象，在这种情况下，媒体机构允其要通过新闻策划增加新闻的广度和深度，拿出"人无我有"的独家新闻。

2.非可预见性报道策划

非可预见性报道策划是指对无法预见的突发事件的报道策划。地震、火灾、飞机失事、战争爆发等，都属于非可预见性的新闻报道内容。对这类新闻的报道策划一般无法提前进行，通常是在事件发生之后才立即策划报道活动。

（二）以报道策划的运行时态作为分类标准

以报道策划的运行时态作为分类标准，新闻报道策划可分为周期性报道策划和非周期性报道策划两类。

1.周期性报道策划

周期性报道策划也称常规新闻报道策划，是指媒体新闻采编部门对日常新闻报道的一种常规性策划，策划的时间具有周期性特点，如按季度、月、周等进行的报道策划，均属此类。周期性新闻报道策划对于媒介做好日常状态下的新闻报道，保证新闻产品质量的稳定，具有重要意义。

2.非周期性报道策划

非周期性报道策划是指根据报道需要临时进行的报道策划，如对突发性新闻事件的报道，一般不可能提前纳入常规性的报道策划中，只有在事件发生之后才立即策划报道，所以非周期性策划是周期性策划之外的一种应变策划。此外，一些重要活动、会议的报道，虽然可以提前准备，纳入周期性报道策划中，但由于报道内容非常重要，需要以长时间、大规模的报道战役来完成，有时也在周期性策划之外专门进行报道策划。

（三）以报道策划的运行方式作为分类标准

以报道策划的运行方式作为分类标准，新闻报道策划可分为独立型报道策划和联动型报道策划两类。

1.独立型报道策划

独立型报道策划是指报道策划独立存在，与其他策划活动无关。报道策划者单纯对新闻事件的报道活动进行策划，并不介入报道客体。如报道国务院机构改革、人大政协会议召开、美国总统大选等，新闻媒介通常是站在旁观者的角度，进行客观报道，这种报道策划是独立运行的。

2.联动型报道策划

联动型报道策划是指报道策划与其他策划有关联，并相互发生作用。如策划救助贫困学生的公益活动、策划宣传媒介的公关活动等。报道策划者同时还参与策划报道之外的其他活动，并且使这些活动成为报道客体。报道策划与活动策划"联动"，报道者身兼"报道者"与"当事人"双重角色。联动型报道策划是一种非独立存在的报道策划，由于报道客体是公关新闻策划的产物，新闻报道策划与公关新闻策划有紧密的联系。

（四）以报道策划成品在媒体上的聚合形态作为分类标准

以报道策划成品在媒体上的聚合形态作为分类标准，新闻报道策划可分为专题报道策划和单篇报道策划。

专题报道策划是指媒体在相对集中的时间和版块内，运用大视角、大容量、深层次、多手法的报道形式，对某一新闻事件、特殊任务、现象或问题进行的专门策划，体现在媒体上是一组报道的组合。

单篇报道策划是指在媒体上体现为单篇稿件。

第二节　新闻编辑策划的流程及要求

一、新闻编辑策划的运作流程

新闻编辑策划的具体运作流程，不同媒体其方式各有不同，而其策划的复杂性和创造性又是不言而喻的。尽管如此，在纷繁复杂的现象后面，还是有许多共通的地方，有一些规律可循。一般来说，新闻编辑策划的运作流程，可划分为如下几个阶段：

（一）策划筹备阶段

这一阶段的主要策划工作是广泛接受各方面的意见和建议，收取信息，为具体策划做准备工作。这时，策划核心处于"受传"状态，"受传"的信息来源首先来自广大受众，这是人数最多的信息源。在当今市场经济条件下，新闻竞争异常激烈，重视受众需求是现代传媒在竞争中取胜的关键之一。而了解受众的方式是多种多样的，诸如问卷调查、随机抽样调查、座谈会等。"受传"的信息来源其次来自有关领导、专家、学者的意见，因为他们往往是行家和专家，对问题的看法比较深刻、透彻和全面，多听取他们的意见，有可能避免做一些无用功。

此外，本媒体和兄弟新闻媒体采编人员的意见和建议也是很重要的"受传"信息，尤其是本媒体的记者和编辑，他们长期工作在新闻第一线，无论是对受众的需求，还是对本媒体的内部情况，都有比较熟悉的了解，他们对如何办好媒体，往往有独到的见解和亲身的体会，因此，充分征求他们的意见，调动其积极性和创造性，是很有必要的。至于兄弟新闻媒体编辑策划的成功经验和失败教训，也可以大量地学习和借鉴，以此开拓思路，扩展视野，避免走弯路。

（二）制订方案阶段

这一阶段的主要编辑策划工作是在广泛征求、汇集并参考多方面意见的基础上，结合新闻编辑方针，充分发挥主观能动性，初步制订策划方案，再征求意见，进行补充修正和完善，直至最后通过。

制订方案是新闻编辑策划运作流程的主要阶段，在这一阶段，编辑策划核心处于"能动"状态，新闻编辑者的才华和能力都能得到充分的展示，因为这是一个从无到有的创造性阶段。新闻编辑者素质的高低，直接决定着新闻编辑策划水平的高低。

1.方案制订的创造性工作

具体说来，制订方案的创造性工作主要体现在以下几个方面：

（1）鉴别、筛选。经过第一阶段的"受传"状态后，新闻编辑已经获得了大量的信息、意见和建议，不过，需要对此进行一番"去粗取精、去伪存真"的鉴别、选择和归纳。当然这不是一个人所能完成的，需要策划群体共同磋商，期间有可能产生分歧，这就需要进行补充调查和反复论证，尽可能得出最有价值、最可行的，并为大家共同认可的意见。

（2）构思、创造。经过鉴别与筛选出的意见和建议往往是零碎的，彼此之间缺乏联系，不成系统。要形成一套最有风格特色、最合乎新闻编辑方针的完整统一的总体方案，还需要对其进行大量的补充，找出其内在的联系，通过合理组合达成一个整体。这就必须充分发挥编辑策划人员的想象力和创造力，并进行创造性的创意、构思与设计。

（3）协调、归纳。在制订方案的过程中，要吸取和采纳各方面的意见，并将初步形成的方案在一定范围内进行讨论，这就难免有不同意见，甚至会出现矛盾冲突。因为策划是一个复杂的系统工程，其中有千丝万缕、错综复杂的关系。因此，策划者必须统筹考虑各部门、各方面的反馈信息，协调各局部间的关系和矛盾，并做大量说服工作，以促成大家认识的统一，形成系统的、完整的和合理可行的总体方案。

（4）修正、完善。初步设计的方案，尽管是策划人员精心制作的结晶，但肯定会有不少考虑欠周、不完善的地方，这就需要进一步征求各方面的意见，尤其是批评性意见，并在此基础上进行修正，以求策划方案更为完善。值得注意的是，征求批评性意见是一件很重要的工作，决不能走过场，同时也不能偏听一两个人的意见，而应尽可能多地征求别人的意见。

2.策划文案的写作内容

方案的制订，最终往往是以一个文案的形式体现出来，这一文案就是新闻编辑策划方案。方案的设计没有固定的写作模式，但大体应包括如下内容：

第一，新闻报道内容的总体范围。生活中每天的新闻信息是很多的，而报纸的版面空间或广电节目时间却是有限的，不可能兼收并蓄，必须有条件地进行取舍。因此，在策划方案中应规定新闻报道的总体范围，有的放矢。一般来说，目前媒体的取舍范围主要采取两种方式：一种是综合性地刊登，以求各类新闻的平衡。另一种是重点报道，又分基本性重点式报道和机动性重点式报道。基本性重点式报道指平日固定的以一种或两种新闻为重点，尽量予以充分报道，其他新闻则看其价值择要发表。机动性重点式报道则以当时新闻发生的状况来决定其所占篇幅。

第二，各版面（网页、节目）的名称、容量、主要报道内容、报道水平以及风格特色等。为了便于受众阅读或视听新闻信息，应尽量做到条分缕析，层次清楚。要做到这一点，最好的办法是合理进行版面（网页、节目时段）分工，并保持相对的稳定性。这样安排，使受众寻找其所欲知的新闻信息较不分工要方便得多。

第三，各版（节目板块）的栏目设置，包括名称、内容、篇幅、风格及稿源等。

第四，广告的安排，包括广告的内容、篇幅以及位置、时段的安排等。

第五，版式或节目风格的特点、安排与设计。

第六，各版面（页面或节目）出现的频率等。

第七，稿酬标准及付稿酬的时间与方法。

以上几点是一家媒体总体策划方案的一些基本内容，当然，每一家媒体的具体情况千差万别，其策划方案也就自有特色了。

3.写好策划文案

第一，舍得放弃某些创意。贪心是策划的禁忌，想在一个策划文案里塞进太多的创意，想要达成太多的目标，内容的过分注入和期望值过高，往往是策划人自己设计的陷阱。在一个策划文案中，包含许多创意和期待，看上去似乎很热闹很丰富，实际上却容易使人弄不清什么是策划的主体，最希望达成的效果是什么，于是焦点就模糊了。防止策划贪心病的办法是，明确策划目标，舍弃与目标无关的创意。巧用"截稿时间"，时间一到，任何创意"概不受理"，真有好的创意也等下次再用。

第二，将复杂的策划条理化、简单化。对于结构复杂的策划应予层层分解。策划创意可以随性质而定，分解成甲乙丙丁、ABCD、整体、局部、细部。而实现目标的计划，也可以采取分部分完成的系列计划。当然，整理时也可以反向进行，先完成局部，再行组合。

第三，找出策划的决胜点。决胜点是强有力的策划概念，有时又是策划创意的独特性所在，或者是对于策划主题的鲜明切入方式，或实现目标计划的巧妙之处。例如，投资商的追捧、领导的重视等等。

第四，注入个性。杰出的策划必然反映策划人的个性。人们常常认为，策划没有个性可言，个性属于编导、记者、主持人，其实这是偏见，每个策划人的人生观、信念、经历和人生哲学都不一样，杰出的策划人，其策划的个性相当鲜明。这种鲜明的个性，将成为策划的魅力，吸引受众，引起共鸣，进而获得支持。当然，注入个性并不容易，因为个性需要策划人经长期磨炼，才能形成。

第五，留出弹性。再杰出的策划人都难免要跟人妥协，对人让步。为了贯彻实现策划案的本质目标，有时需要在形式上做适度的让步。

第六，不摆理论。好的策划文案应当是操作性极强的，除非十分必要，在策划文案中最好不谈理论。理论是在策划创意时起指导作用的，策划文案是在理论指导下产生的一个作品。

（三）实施方案阶段

这一阶段编辑策划的主要工作是：根据最后修正、完善的策划方案，进行操作性的试刊播。在这一阶段，新闻编辑策划的核心是布置任务，指挥操作运作和监督。其中值得注意的问题有以下几点。

第一，试刊播原则上应侧重主要的、重要的以及新增的版面或节目，那些出现频率不高的可暂缓。

第二，试刊播的时间不宜定在特殊日子，诸如节日、国家有重大活动的日期等，以免要发一些特殊稿件而影响版面或节目按设计方案正常操作，影响试刊播效果。

第三，试刊播的日期、次数应视具体情况而定，一般试刊播不止一次，以便听取意见，做出调整。

第四，试刊播应努力扩大发行和收视听范围，以广泛征求各方面意见，必要时还可对某些部门或个人赠送报刊，以便及时听取意见和建议。

（四）信息反馈与效果分析阶段

实施方案的过程，其实也是方案被检验的过程。实践是检验真理的唯一标准，新闻编辑策划是否成功，其效果如何，也只有通过实践检验方才知道。与此同时，只有被实践证明是可行的、被广大受众认可与接受的、效果好的设计方案，才有可能真正用于办报、办台。无疑，在方案检验过程中，自然有许多从各方面反馈的信息，作为编辑策划人员，必须认真整理分析反馈信息，采纳其中合理的部分，对策划试刊播效果不好的，要找出原因，以便做出及时调整。

所以，一个策划完成之后，策划人的工作并未结束。对已经结束的项目进行效果评价，对实施的过程进行分析检讨和总结，找出值得反省的问题和教训，以便在下一个策划中更上一层楼。只有完成了反省与评估，这个策划项目的档案才可以打包入库。以下内容应当是策划人员对一个新闻编辑策划进行反省检讨的重点：①预测与结果的差异有多大。②形成差异的原因是什么。③实施过程中存在什么问题，这些问题事前是否预料到，本策划是否解决了这些问题，解决的方法是什么，有什么问题没有解决，遗留了什么后遗症，善后工作怎么做。今后遇到这类问题有无解决的办法。④教训、启示，或可以继续发展的主题，或留下了什么可以另立一个策划。

策划人员应当将这些研究分析做成"策划终了报告"，使一策划人员应当将这些研究分析做成"策划终了报告"，使一个策划善始善终。这中间最重要的是"预测与结果的差异分析"。一般说来，预测与结果之间产生差异的原因有：

确定性原因：如卫星转播线路故障导致节目推迟播出、最后关头发现法律手续不全等。确定性原因较为好找，而且一旦找到就可以给下次策划提供明确的经验，提前做好防范的应急措施。

推断性原因：如一个在甲地深受欢迎的公益活动，在乙地却不能引起兴趣，可能是乙地的民众不喜欢、不理解，那么策划之初对乙地观众兴趣点的调查可能有问题。又如，合作方的合作水平、合作程度不理想，或当天的气候不利于民众来参加活动，这些原因并不能完全确定，但也应仔细研判，以便下一次策划考虑得更周到些。

不确定原因：某些实施过程中的环节，可能是也可能不是形成差异的原因，较难下结论。比如，所用的节目主持人虽然优秀，但是可能他不适合这个类型的节目。这种问题往往不能简单地予以确认，所以可列入报告，供决策人参考，也给下一个策划提供参考。

以上是从策划的结果不如预测那么好的角度进行反省的。而如果策划的结果比预测的要好，虽然皆大欢喜，但仍应列出差异，策划人仍应围绕上述三个原因进行反省。

除了查找问题，反省原因，还应该有一个准确的量化评估报告。内容包括：策划实际刊播的数量、素材的数量、素材与新闻成品的比例；预算与决算的出入（节支还是超支）；人力投入、设备投入的准确统计；报刊的发行量、电视的收视率和网站的点击率；广告效益；其他媒体的反应（包括对项目的报道量、评论的观点等）；受众的反映情况（收到多少来信、电话、电报、电子邮件等）。这些都是宝贵的资料，是下一个策划的借鉴，也是后来者的教材。

二、新闻编辑策划的一般要求

一是考虑系统性。本书已在多处文字中说明了新闻编辑策划的系统性特征，那么，这种策划必然也应有系统性的要求。这也是新闻编辑策划内涵上的一种要求，无系统性特征的策划，也许谈不上是一种策划。

二是适时性。客观事物千变万化，新闻传播活动要准确、有效、有深度地反映客观事物的主流与本质，有必要选择恰当的时机实施新闻编辑策划行为。因此，新闻编辑策划要体现适时性，新闻编辑主体做策划要有时机意识，这样的策划才更有针对性，其传播效果才会达到最大化。

三是创新性。一项无创新内容与形式的策划，不但意义不大，反而劳民伤财，不可取。故此，创新性要求成为新闻编辑策划的一大准则。创新性同时也是新闻编辑工作应体现出来的一大特征。

四是超前性。新闻编辑策划是对变化着的客观事物主动积极的反应方式，应该具有一定超前预见性，能预见到策划的传播效果和指导作用，这样才会体现策划的重要价值。当然，这种超前与预见不是胡思乱想和瞎猜，而是基于对客观形势的认真调查分析，判断和对事物发展规律的科学认识，经过策划者主观经验的参照和合理推导、判断体现出来的。

五是可操作性。新闻编辑策划是对新闻编辑方针的具体化体现与实施行为，讲求实际操作性。要求策划方案不能光务虚，谈大道理，还应考虑实施时的具体路径和实际效果，让实施者有章可循，依章能行。当然，这种可操作性应达到什么样的程度才合要求，也是需要认真考虑的。过于具体细致则不属于编辑策划要求中的层面，所以要把握一个度。

六是应变性。前面已分析过，新闻编辑策划作为来自客观、形成于主观、又作用于客观的行为过程，由于多种因素的存在或介入，不可能百分之百达到主客观高度吻合，那么，策划中的一定变数在所难免。这就提醒策划者在策划方案形成中和策划行为实施中，必须考虑一定的应变措施，对可能出现的变故做出一定预防。这样，即便发生不测，也多在预料之中，从而采取对应措施，减少不良后果。从应变性要求也可看出新闻编辑策划应具有超前预见性的特征。

七是协调性。由新闻编辑策划的系统性可推导出这一行为过程的协调性要求。因为策划是一项涉及面广、内容丰富、参与人员较多、时空涵盖面大的工作，如果在推进中不注意人与人、人与物、物与物、时间与空间、内容与形式、动机与效果诸方面的协调一致，势必影响策划预期的顺利进行，最终达不到效果，还会对新闻媒介机构带来消极影响。

对新闻编辑策划上的要求既是策划方案本身应体现出来的几大特征，也是策划行为中应遵循的几条基本原则，它们会集中统一于新闻编辑主体的思与行中。

第三节　新闻报道的组织与调控

新闻报道组织与调控是新闻编辑策划中一个很重要的内容，也是新闻编辑工作的具体任务之一。在媒体的新闻编辑方针确定以后，新闻编辑策划工作，一方面要努力制定好报道计划与报道思想，另一方面要将策划好的报道计划与思想赋予一定的报道组织形式得以实施与体现。与此同时，在开展报道的组织过程中，编辑应根据变化发展的实际情况，对报道组织做适时的、恰当的调控，从而保证报道组织的顺利进行。所有这些，都是新闻编辑策划体系中不可或缺的组成部分。

一、新闻报道组织

我们知道，新闻编辑人员对媒体的内容和形式做出总体设计，便是编辑方针。但编辑方针毕竟只是原则性的决定，因此，还必须将编辑方针具体化、实践化，这种具体化、实践化的系列打算与计划便是新闻编辑策划。而经过新闻编辑策划过的设计方案，又必须通过一系列的新闻报道组织才能一一落实。因此，所谓新闻报道组织就是根据新闻编辑方针和策划方案对一定时期新闻报道的内容所进行的具体安排和实施。由此可见，没有新闻报道组织，新闻编辑方针和编辑策划的方案也难以落实。

（一）新闻报道组织的类型和步骤

1.新闻报道组织的类型

按新闻报道范围大小，可将报道组织分为两种类型：一种是对一个时期媒体所报道的全部内容的统筹安排，这是媒体的总编辑及其助手们所承担的任务；另一种是对一个时期媒体所报道的部分内容的统筹安排，简称为专题报道的组织，这是编辑部各部门负责人及编辑人员所承担的任务。一个媒体在一定时期的全部报道，是由多种层次的大大小小的专题报道所组成的有机整体。

2.新闻报道组织的步骤

新闻报道组织大体可分为两个步骤：第一步是报道组织开始前的制定报道计划，第二步是报道组织开始后对整个报道的调度和指挥。

所谓报道计划，是编辑部根据党的路线、方针、政策和受众的要求，对一个时期或一个专题的报道内容和方法所做的统筹安排。报道计划一般包括报道的意图、重点、阶段、重要选题、方式和报道力量的安排等。报道计划主要有阶段性报道计划、专题性报道计划和典型报道计划三种。

阶段性报道计划是编辑部对一个时期的报道所做的总体安排，是这个时期编辑部总的新闻传播意图。如按时间的长短来分，有长期计划和短期计划，长期计划宜粗不宜细，主要是明确报道思想，提出报道要点，以便给记者留有发展、丰富的空间。专题性报道计划就是各个专题报道的计划，是阶段性报道计划的派生，它规定专题报道内容、重点、方法及报道力量的组织等。专题计划又分为三类：即重点专题报道计划、应景式专题报道计划和突发事件的专题报道计划。典型报道与一般报道相比，可以起到以一当十的作用，在制订报道计划时，不仅要把典型放在重要位置上，而且要把典型的普遍意义搞清楚，把典型所引起的社会反应摸透。我们的典型报道应尽可能具有鲜明的时代性、示范性和榜样性，典型宣传要力求轻型化、形象化和多样化。

由于各媒体工作本身具有的特点，报道计划有着较大的变动性。计划制订后，在实施过程中，需要根据情况的变化做某些调整，甚至另外补充计划。从某种意义上说，报道组织的过程，就是制订计划并组织实施的过程。

编辑组织报道，要对一个时期各项报道的内容做出统筹安排，但是媒体所报道的内容极其广泛，一一规定每篇稿件所写的具体内容是不可能的，只能从大的方面确定报道中应宣传的基本观点。所谓报道思想就是体现报道中的基本观点，是新闻报道的指导思想，它贯穿整个报道的红线。报道思想一旦明确，整个报道的总体安排就可以定下来，参加报道的人员也就能够做到心中有数。

当然，报道思想的确定不是凭空产生的，必须是在认真调查研究，掌握真实、全面情况的基础上产生的。它的确定必须符合马克思主义的基本原理，符合党的政策原则，符合人民的愿望要求，符合客观实际。它的制定应遵循三项原则要求：重点突出、力求全面、观点鲜明正确。

（二）新闻报道的组织过程

新闻报道思想和报道计划确定之后，报道如何展开和实施，这是组织报道所要解决的中心问题。下面试从报道的组织过程即报道进程来进行说明分析。一般说来，报道进程大致可分为三个阶段。

1.部署和开篇

（1）部署。

所谓部署，是指编辑部向记者、通讯员和作者下达采写任务。部署的方式视具体情况而定，一般说来，比较重要的报道，媒体应专门召开有关采编人员会议，宣传报道方案，分派具体任务。对于报道涉及人员不多或不便开会的情况则可以采取面谈、打电话、通信联系等方式，进行报道部署。部署的内容一般包括：布置稿件选题、体裁、篇幅、交稿时间以及采访报道时应注意的事项等等。此外，部署有时还包括向被采访者进行部署，诸如告之准备有关材料、安排座谈等等，以便与被采访对象的合作。部署的好坏，直接影响到开篇。

（2）开篇。

所谓开篇，指在媒体上展开报道的开始。的确，第一炮能否打响，直接关系到报道的全局。那么，一项报道如何开头呢？大体上有两种基本方法：直入式和铺垫式。

直入式：即开门见山，直接进入议题。当报道一些简单的突出性事件或机密性很强不宜事先透露的事情时，常采用这一方法。如大兴安岭特大火灾、98长江特大洪水、央行调低银行利率等。以报刊为例，其具体办法有：或发一篇读者来信，直接提出问题，引出报道；或发一条新闻，就新闻中反映的问题发起连续性、深入性报道；或以一幅照片、一封记者来信、一段小故事等开头，带动一个报道系列。无论采用哪种方式开篇，其共同特点是：开篇稿件必须直截了当，提出问题，引人注意。

铺垫式：即先揭开一个序幕，为正式报道某一事物做铺垫。有些重要的报道或有些不易为受众所了解的报道，在正式报道开始之前，需要一些背景的交代、材料的介绍、气氛的烘托、含蓄的提示，这些内容构成了报道的序幕。例如重大体育盛会、重要节日、香港回归等报道，往往都要先介绍一些资料，或渲染人民群众企盼的喜悦心情等。不过，这些"序幕"和"铺垫"都是为紧随其后的正式报道所做的"导入"。

总之，无论采取哪种开篇方式，都要求做到：一是必须能为后续报道打开通道，提供便利；二是易于为受众所接受；三是应引人注意，具有吸引力。我们的目标应该是，在尽可能的情况下，选择一些富有吸引力的开头，因为这也是一种巧妙的传播艺术。

2.深化和拓展

一项报道开篇以后，接着就是向纵、横两方面展开，反映事物发生、发展、变化的过程，提示事物的内在特征、本质，把报道逐渐引向深入，这就要求组织报道一方面要深化，另一方面要拓展。

（1）深化。

所谓报道的深化，就是指报道要向纵深方面展开。一项报道的深度如何，直接关系到报道的思想性和指导性。那么，组织报道如何向纵深方面展开呢？其办法主要有以下几点：

第一，引申补充，说明缘由。我们的报道不仅要告诉受众发生了什么事件，党和政府颁布了什么政策措施，什么地方出现了先进典型，即回答"是什么"的问题，而且还要回答受众"为什么"的问题，即要从事物的因果关系方面加以补充诠释，将报道展开起来。例如，党的十五大提出公有制实现形式可以而且应当多样化，对此我们的报道不仅要告诉受众这是一项什么政策，还要回答为什么我党要颁布这一项政策，其制订的依据是什么，要解决现实生活中的哪些问题等。

第二，化整为零，各个击破。有些报道选题不错，倘若仅停留在报道事物的表面，很可能难以引人注意，顶多只不过是一种大而化之的报道。倘若能将一个大问题分解为几个部分逐个进行报道，"化整为零""各个击破"，那么很容易将报道引向深入。比如，20世纪90年代末期纺织行业面对着产业结构的大调整，一时不太景气，如何开展纺织行业大突围呢？如果我们的报道能"化整为零"，从诸如破产兼并、"退二进三"组建集团等方面展开深入报道的话，那么我们的受众对纺织行业如何走出困境的问题，将可能有比较清晰的认识，并对处在困境中的纺织企业将有所启迪。当年湖南经视的《大突围》就是这样组织报道的。

第三，跟踪追击，层层递进。凡是具有一定深度的报道，都是在连续解决一个又一个矛盾的过程中逐步加以深化的，因此循着事物发展的阶段跟踪追击，也是将报道向纵深展开的一种方法。例如，国企改革减员增效，必然引起部分职工下岗分流，如何引导下岗职工及时转变就业观念，重新上岗，就引起了全社会的关注。我们的报道可以对部分职工下岗后如何找到新的岗位，以及对在新的岗位中工作的状况作跟踪追击式的报道，只有这样，我们的新闻报道才有可能深入，从而达到传播效果。有时，用跟踪追击法，可以反映事物由低级向高级发展的层层递进过程。

（2）拓展

所谓报道的拓展，是指拓宽报道面，扩大报道的领地。范围和报道题材。拓展报道面大体可以从以下两方面着手：

第一，报道范围和领域的扩大。

在组织报道中，报道的对象都有一个范围和领域。大者到全世界，如亚洲金融危机、禽流感波及世界，均可成为报道的范围。小者涉及一个单位、一个人，诸如典型人物、典型单位的报道。组织报道要求有广度，但到底应该广到什么程度，受着两个因素的制约，一是事物本身的状况，二是报道对象在整个报道全局中所占的地位。不过，长期以来，组织报道中存在着的一个普遍问题是报道面较窄，究其原因是多方面的，诸如报道思想上存在旧的观念，狭隘理解媒体功能，忽视受众多方面的需求，以及报道模式单一，报道方法缺少变化等。

因此，要拓展报道面，必须更新观念，注意事物之间的广泛联系，把握事物的全貌，在方法上也要避免单打一。可视具体情况，采取以下方法：一是从点到面。虽然它反映的是事物在量的方面的发展，但往往涉及质的方面的变化。二是从一般到特殊，即从反映事物的普遍情况到反映事物的特殊情况。比如待业青年扩大就业门路的问题，先报道普通青年就业，再报道残疾青年及失足青年就业，这样的报道就有可能拓展。三是跳跃式的横向连锁反应。报道中所反映的某一事物，有时它在现实生活中所产生的影响很广，甚至是出乎报道人员之所料。倘若在组织报道中能以这些影响所及的范围做报道的领域，也是扩大报道面的一种方法。诸如从烟酒打假、电器维修的报道中，可以想到在提高商品质量、提高售后服务水平方面做些文章。四是在两个报道领域之间的"结合部"上做文章。比如文体、科教、经济、法制、社会生活等都是不同的报道领域，在组织体育报道时，可以从体育与经济、体育与社会、体育与教育的结合中拓宽报道内容。比如体育搭台，经贸唱戏。

第二，报道题材和角度的多样化。

增加报道题材，是拓展报道内容的有效措施。同一主题，用多种材料、事实来说明，可以增强新闻的可读性和可接受性。同时，客观事物是丰富多彩的，我们的报道角度也应多样化，即除了从正面报道外，还可以从侧面、从反面、从不同角度去反映。具体来说，报道题材和角度的多样化，要特别注意以下三个方面的问题：

一是正面与侧面的问题。客观事物是丰富的、复杂的，我们组织报道如果总是从一个角度去反映它，那么受众所看到的只是这个事物的"平面"，而非"立体"。而"立体"的印象总比"平面"的印象更为具体，更为全面。因此，要想使受众获得"立体"的印象，不仅应该报道事物的正面，还应该报道事物的各个侧面。

二是大与小的问题。报道的题材有大小之别，对于专题报道所阐明的主题，除了可以用重大题材表现它外，还可以用较小的题材来表现它，选材的多样化，可以使报道具有一定的广度。所谓"大处着眼，小处着手""一滴水见太阳"，就是指运用小的题材来反映重大主题。

三是古与今，中与外的问题。要注意报道题材的时间性和地域性。组织报道时，无疑应以具有新闻性的现实材料为主，在此前提下，还可以配发一些历史材料。同样，在有关国内问题的专题报道中，配发有关国外的相关材料也是扩大报道面的一种方法。当然应保持一定的比例，切不可喧宾夺主。

3.结束和总结

结束，即组织报道告一段落。报道结束的方式多种多样，大体可分为两大类：封闭式和开放式。

所谓封闭式，是指对报道的问题做一个明确的、肯定的结论，或对报道的事件交代结果。例如，每年的全国"两会"报道，都是以会议结束而结束报道。又如三峡大江截流报道，以上下围堰合龙而结束，海湾战争报道以战争结束而告终。

所谓开放式，是指对报道内容不做最后结论，留待受众自己去思索与判断。开放式的结束方式，它给人以思考的空间和余地，引人深思，启人智慧，非常含蓄。当然，含蓄不等于含糊其词，媒体的态度一般蕴含在整个报道组织过程之中。在传统计划经济时代，我们的新闻报道，因过分强调报道的宣传教育作用，报道结束的方式多以封闭式为主。而如今，伴随着新闻改革的深入和新闻竞争的加剧，报道的开放式结束越来越受到传媒人的重视，并为广大受众所欢迎。

一项报道结束之后，无疑需要采编人员对这一报道进行适当的总结和回顾，以便从中总结经验和吸取教训，进一步探索新闻报道组织策划的规律。总结的方式，以开采编人员会议的办法进行，最后形成总结性文字，刊登在内部刊物上，以示交流。

二、新闻报道调控的内容

报道调控与报道组织是一个问题的两个方面，同时报道调控是报道组织过程中一个关键部分。随着新闻改革的不断深入，报道调控在组织报道中的作用越来越突出。所谓报道调控，是指在报道进行过程中对报道效果的把握，亦即随时根据客观条件的变化调整报道规划，控制报道进展，以达到最佳的报道效果。报道调控包括接受反馈和调整报道两个基本内容。

（一）接受反馈

组织报道一旦进行，其报道计划便按部就班地纳入实施。然而报道计划的制订，是早于新闻事实发展过程的，有一定超前性，在报道展开过程中，原来的设想有可能与发展变动的事实不符，或考虑不周。要使报道顺利进行，则需及时根据实际情况，对报道计划做适当调整和补充。不过报道调控的基础是随时了解变化了的信息，接受各方面的反馈，只有这样报道调控才能有的放矢。具体来说接受反馈包括以下几个方面的信息：

1.报道者反馈

记者、通讯员和其他作者是采写报道的主力军，他们对实际情况掌握得最多最细，对报道的效果也获知最快，他们既是报道的参与者，又是媒体和社会间沟通的桥梁。一项报道能否按原计划进行，报道者的感觉往往是最灵敏的。而且他们身处报道第一线，对实际情况比较熟悉，常常能对报道的调整和补充提出许多真切的意见和建议。因此报道组织者应首先注意接受报道者的反馈，充分发挥他们的积极性和创造性。

2.报道对象反馈

被采访者、被报道者是报道的当事人，他们能否接受报道，能否给予配合，他们在报道进行过程中有无改变自己的行为和观点，都直接影响下一步报道的进行。因此在报道组织中了解他们的情况至关重要。事实上，在报道过程中，应被报道者要求而调整报道的情况经常发生，诸如表扬性报道，被表扬者有顾虑，要求省略某些原定的报道内容；批评性报道，被批评者提出报道内容不实，或报道中说的情况已经发生了变化；问题性报道，被采访者提出反映的问题得到一定解决，或已进一步恶化等。这些都是调控报道的主要依据。

3.受众反馈

报道是否成功，受众的反应是一个主要的标尺。倘若报道在进行过程中没有引起受众的关注，或得到的反应不佳，这个报道就很难说有价值。因此，报道一旦开始，组织者应密切关注受众的反应，并据此随时调整报道计划。可以说，在某种程度上我们的报道调控就是为了最大限度地激发受众的热情和积极性，使其不仅成为报道的热心读者，而且成为积极的参与者。

此外，被报道者的上级，媒体的主管部门和有关领导人员经常会在报道进行过程中提出各种意见和建议，这些反馈信息，也可能成为调整报道的原因。

（二）调整报道

所谓调整报道，就是在接受了各方面的反馈信息之后，根据需要对报道计划进行调整，并进行新的部署和实施。调整报道主要包括以下几方面：

1.调整报道的一般思路

这是对报道方案的最大调整，如改变原来的报道思想、报道重心、报道态度等。由于这几乎是对原来计划的全盘否定，实际上用得不多，除非确实遇到与原来设想不符的实际情况，或遇到无法抗拒的阻力。同时这也说明最初的策划疏忽较大，考虑不慎。

2.调整报道的内容

即在不变更报道思路的情况下，补充或压缩报道内容，改变原来的发稿计划和选题。这也是在对报道计划做较大的调整。

3.调整报道的规模

即通过延长或缩短报道的时间，增加或减少报道篇幅，提高或降低报道的版面、节目地位等方式来改变报道的阵势与力度。这种调整主要是随报道内容的调整而进行的。

4.调整报道的形式

即变更报道的组织方式，使报道取得好的效果。前面所说的几种常见报道方式，除最后一种为自由式报道外，这些报道方式是在报道组织策划中早就设计好的，而调整报道形式则是在报道过程中进行的，报道形式一经调整，就从本来运用一种方式变为运用多种方式，从运用原定的方式变为运用新的方式。当然，这种调整是根据报道思路的调整和报道内容的调整而进行的。

5.调整报道的力量

即改变原定报道人员部署，或增加或减少报道人员，或寻找新的合作伙伴等，这是由报道规模和报道内容的调整而做出的反应。

6.调整编辑的态度

由于报道对象本身的变化，导致编辑对现实情况认识上的变化，即编辑在态度上，或从低调到高调做出调整，或从高调到低调做出调整。所谓低调，是指在报道中态度不鲜明，感情不外露，以叙事为主，不发表直接表明编辑立场的评论；所谓高调，则指在报道中鲜明表达编辑态度，感情强烈。编辑态度的调整，还表现在一种褒与贬的变化上，即或从肯定的态度转到否定的态度，或从否定的态度转到肯定的态度。

此外，报道时机的调整也是报道调整的重要方面。

以上介绍了报道调控的基本内容，值得注意的是，在报道过程中，报道调控可以是一次性的，也可以是多次性的，这要根据报道进展情况而定，因此在报道中接受反馈应贯穿报道始终，这是报道调控的依据。

第四节 常见新闻报道的策划与组织

一、新闻专题报道

新闻专题报道，是指传媒在相对集中的时间和版块里，运用广视角、大容量、深层次、多手法的报道形式，对某一新闻事件、某一特殊人物、某一现象或某一问题进行的专门主题的揭示或研究报道。根据报道的特性和内容来分，大致有关于某一时期社会问题、社会现象、社会热点事件的战役性专题报道，如"东方之星"沉船事故专题报道、天津滨海新区爆炸事件专题报道等；有关于可以预见的、即将发生的令人瞩目和关心的事件的预测性专题报道，如奥运会专题报道；还有节假日、纪念日等特定专题报道等。在报道上大多采用消息、通讯、评论、图片、漫画等多种方式相配合。在新闻实践中常被提及的组合报道、连续报道、追踪报道、系列报道等，一般而言都可划入专题报道的范畴。新闻专题报道以聚焦式切入、全景化涵盖、多维度透视、整合式编排为特征，是新闻编辑策划中的一项重要内容，也是传媒铸造品牌形象、扩大社会影响、提升竞争实力的一种重要手段。

（一）专题报道策划的类型

1.战役性报道策划

战役性报道策划是目前新闻策划中最常用的一种形式。战役性报道策划是一种阶段性的、宏观的报道策划，在版面上通常体现为一组重要的组合报道、连续报道或系列报道，其策划内容通常是社会生活中的重大事件、具有强烈时代精神的典型人物和典型经验、广大受众普遍关心的热点难点等重大报道题材。热点是一定社会阶段和一定社会环境下为受众所关注的问题或事件，发掘热点的一个重要原因是新闻发生的规律，重大新闻发生的频率具有不均衡性，新闻会出现淡季和旺季。一个新闻事件越显著越重要，其新闻价值越大，受众对此也越关注。所以，当一个时期新闻热点发生时，新闻编辑要抓住时机进行选题策划。

2.可预见性新闻报道策划

一些新闻事件尽管尚未发生，但是可以预见，如两会、奥运会报道，这些是受众普遍关注的热点事件。对于这类重大题材，要以制订作战方案的姿态和心理去规划和布局，提前准备，提前部署，使报道在媒体的大片围攻中脱颖而出，更加突出本媒体的特征和优势。

可预见性新闻报道策划着眼的不是已发生的事实，而是事物的发展趋向、后果和未发生的事件，含有不确定性，因此它也不同于对必定发生事实的预先通告式的新闻即"预先性新闻"。在我国，预测性报道主要兴起于20世纪90年代后半期，以一些预测性新闻报道的专栏、专版出现为主要标志。如《人民日报》的"农村经济观察""农经瞭望"，《解放军报》的"国际观察"，《中国经营报》的"财经观察""调查预测"，《经济观察报》的"观察家""趋势"等。

可预见性报道需要超前思维，超前思维要把握以下两点：一是了解现在，预测未来。奈斯比特说过："预测未来的最好方法就是了解现在。"大雨可能引起山洪暴发，低温冰冻可能引起路滑车辆难行，暖冬季节可能引起流感，农民工大量南下可能引起交通运力紧张等。对于这些每年或几年一次的自然、社会现象，只要我们了解了信息，掌握了变化发展的规律，就可能运用超前思维进行科学预测，写出有新意的报道。二是掌握趋势，把握未来。要科学地预测未来，仅靠了解现实是不够的，还必须对大量的现实材料进行研究和分析，找出其中带有规律性的东西，掌握其趋势。不论是自然界的气候、地理变化，还是社会领域的矛盾和战争爆发，都有一个征兆。正是这些带有规律性的事物发展趋势，可以使我们很好地把握未来，从而举一反三，做出优秀的可预见性新闻报道策划。

3.特定日的报道策划

特定日的报道包括各种纪念日、节假日的报道，以及其他一些特殊意义日期。如植树节、无烟日、防艾滋病日、各地区各城市重大节日活动等的报道。特定日的报道是新闻媒体报道的一个重要组成部分，也是凸显媒体报道策划水平的重要方面。特定日的报道策划，大体分为三类：第一类是从历史的角度来策划特定日的报道，即遵循时间运动的轨迹，反映一个过程，描述一种现象，揭示一个规律，讲清一个道理。这种报道，让人们从历史的回顾中看到未来发展的方向和前景，坚定信念、鼓舞士气，找到自己奋斗的目标。这一类策划以国庆日、建党日、解放日等相关报道策划居多。第二类是将时间因素融于空间之中，时空交错，在描述事件的过程中，更好地把握大势。如在高速公路开通日策划专题报道，对公路沿线城市的今昔巨变进行对比。第三类是不同人物的节日行踪报道，即选定一个特定的日子对有关人物进行寻访报道或对其工作、生活状态予以介绍。特定日报道策划的最大难点在于这些日子很多是周期性重复的，如何不断出新是媒体策划者要时时思考的问题。对此，需要注意以下几点：其一，在内容上出新，即选择在这一时刻什么内容具有最强的代表性和吸引力；其二，在形式上出新，即用不同于往常的报道、写作和版面形式，将有新意的内容完美地表现出来；其三，未雨绸缪，要有提前量。只有提前做好准备，才能详尽地占有材料，在变化中掌握主动。

（二）专题报道策划的操作

专题报道的策划是一项极其复杂的系统工程，难度大，精度要求高。从组织性策划来说，要求体现协同性的特点，在媒体内部发扬团队精神，整合人力资源，形成信息传播的强势，运用各种手段提高系统运行效率。从实质性策划来看，专题报道的策划应努力做到以下四个到位：

1.必读性到位

实现必读性有两个条件：一方面着眼于题材的新颖性和社会性，选题能够最大限度地引发受众的关注，调动受众的兴趣，触动受众的"兴奋点"。题材的"新"，是对媒介发现力的一种考验，要能够从大量的新闻资源中慧眼识宝，发现新价值极高的"富矿"，进行全力的开掘。在进行专题报道选题时，要注意结合新闻传播主体的不同个性，找到最适合自己的选题及报道角度。另一方面是资讯的不可替代性，向受众提供的是"人无我有，人有我优"的信息产品。建立在受众对新闻信息的认知度与满意度基础之上的必读性，是媒介形成核心受众群进而提升核心竞争力的重要因素。因为只有必读性才能培育受众产生对媒介资讯的依赖性和忠诚度，从而为报刊积聚"注意力"的宝贵资源，形成坚实的营销基础。资讯的"精"，是媒介整合力的一种显示，能够运用各种手段将新闻资源的含金量和品位展示出来，向受众提供强度、效度、新鲜度、保真度等各方面指标都能符合要求的足够的信息量，形成报道独特而强劲的支撑点。

2.贴近性到位

新闻媒介就其所承担的社会责任而言，同时扮演着双重角色。一方面，它是党和政府的"发言人"，要以党和政府的喉舌定位，及时传达党和政府的法令、政策、指示、方针；另一方面，它又是人民群众的"代言人"，要从人民群众根本利益的高度去充分反映群众的意愿，倾听群众的呼声。这两方面的结合点，就是新闻的"贴近性"，即努力做到贴近实际、贴近生活、贴近群众。实现"三贴近"涉及媒介的组织创新、机制创新、运营模式的转变、报道重点的调整等诸多方面，但精髓还在于媒介应牢固树立受众本位的观念，要真正从受众需求的角度考虑媒介的报道能在多大程度上满足受众的需要，能够满足哪些受众的需要，满足受众哪些方面的需要，能否真正为受众提供具有鲜活感和冲击力的足够的信息量，能否为受众传所思、释所疑、解所惑、排所忧。在此基础上，媒介才能把体现党的意志和反映人民群众心声统一起来，把坚持正确的舆论导向和增强可读性统一起来。

3.引导性到位

专题报道策划的另一着力点，应当是加强新闻舆论的引导性。在当代，无论哪种类型的媒体，都承担着类似的社会功能。所有媒体在把握舆论导向、提高报道质量、营造健康向上的舆论环境、增强社会的凝聚力与向心力方面都有着非常重要的作用。一方面，要加强对社会舆论的反映，使人民群众的各种舆论都能得到有效和理性表达；另一方面，则要对群众自发产生的舆论进行引导和疏导，推动代表人民群众根本利益的舆论上升为主导舆论。从方法上来说，主要是对积极有益的舆论予以推动、扶持和放大，对消极有害的舆论加以阻止、限制和转化，对可能存在副作用的舆论，如批评性、暴露性舆论进行慎重地鉴别、分析和疏导。要通过调查研究，把握社情、民情、舆情，敏锐地观察人们社会心理的变化，梳理人们对当前热点、难点、疑点问题的看法，摸清人们心中存在的深层次思想认识问题，探索舆论引导的思路与对策。

4.创新性到位

变革与创新是专题报道具有不竭活力的源泉，变则通，不变则滞。只有不断地变革，不断地调整，努力突破旧有的报道程式和思维方式，提升传播观念和认识水平，在变革中实现创新，才能保证新闻报道源源不断地产生舆论影响力。

从宏观角度看，专题报道的创新基于双重压力：

其一，在世界多极化、经济全球化、信息网络化的时代背景下，信息来源多元化的格局早已形成，传播语境的"碎片化"和话语权的阅众分享已成事实。传统媒介传播市场的份额不断收缩，其话语权威和传播效能不断降低。新兴媒介的勃兴与活跃，传播通路的激增，海量信息的堆积以及表达意见的莫衷一是，是现阶段传播力量构建所面对的社会语境。就传播的影响力而言，以往依靠某一个（类）媒介的强势覆盖而"号令天下"的时代已经一去不复返了，主流媒体信息主渠道的地位正在面临严峻挑战，如果不能锐意革新，通过调整竞争策略、运作模式和报道形式向受众提供更多特色鲜明的个性化产品，就有可能被受众所抛弃。

其二，随着生活方式、工作方式、思维方式的变革，人们的信息消费方式以及对舆论的认知方式在逐渐产生变化。人们已经不再停留在以局部的片面视角与价值判断方式来处理信息，而更愿意发现和认识信息与发展趋势之间的必然联系；已不再习惯于以现成的概念体系与惯常的认知方式来解释新领域的新问题，而希望通过新闻报道全新的视角和全新的解读方式获得对事物本质更新的认识；已不再满足于仅仅从求知或好奇心理出发消费信息，而更愿意测算信息可能带给自己的机遇以及同自己相关利益之间的关系。面对这些压力，媒体在专题报道的策划中就一定要有创新意识，力求在诸如信息资源的开发和利用、重大新闻题材的透视与处理、读者心理的把握和回应、版面语言的表现和调度等一系列环节上形成独具风格且别人无法取代、无法遮蔽的特色。

要实现创新性到位，在具体实践中要避免模式化。程式可以简化人们认识和表达事物的过程，在一定程度上提高效率，但它可能产生的缺点在于从形式上过滤了个性化，限制了创造力，因此要谨防把程式变为僵化的模式。目前部分专题报道对于一些程序性工作的报道有一定的模式化倾向，例如一些会议报道，除了会议名称、讲话者姓名以及讲话内容有些变化外，很多内容及表达形式都是如出一辙，缺乏新鲜感与活力。专题报道既具有丰厚的信息含量，又具有一定的思想容量，是二者的有机融合，但有些专题报道达不到这一点，体现为信息量不足、空话、套话较多，喜欢罗列数据，缺乏对数据及新闻事实的分析，不能揭示事物的发展趋势及规律，有的虽有分析，但只是泛泛而谈，满足于"炒冷饭"，缺乏冲击力与穿透力。出现这些情况既与记者的素养有关，也与记者缺乏调查研究、缺少对事物的理性思考、缺少创新品格有关。

二、突发性事件新闻报道

突发性新闻往往具有强烈的震撼力，影响持久且深远，更能凸显新闻价值。受众是新闻信息实现的归宿，媒体在报道策划过程中要紧扣受众的关注点和需求点，在以正面宣传为主的原则下，坚持真实性与客观性，解决好"说什么"和"怎么说"两大主要问题。

（一）突发性事件新闻报道策划的原则

具体来说，突发性事件中媒体的新闻报道策划需要遵循以下原则：

1.及时性原则

突发事件往往新闻性强，众多媒体必然会展开同题竞争。想要在激烈的新闻竞争中脱颖而出，及时、快速的反应是基础。此外，心理学上"先入为主"的现象在新闻报道中同样存在，在信息全球化的今天，即使我们不报道，境外媒体也会以其理解的方式去报道。与其让他人抢先，使自己处于被动地位，不如主动出击，赢得舆论引导权。要同境外媒体争夺舆论阵地，树立政府的良好形象，就要在第一时间对突发事件进行精心策划、快速报道，以赢得受众，争取主动。

2.应变性原则

突发事件事发突然，事态往往较复杂，随时间的流逝情况还可能会发生变化。媒体在策划报道时，应实时关注事件的最新发展变化，及时调整报道策略。在新闻实践中，不同媒体应对策略各不一样。传统报纸受出报时间限制，往往采取后押截稿时间，或者出版号外①的形式处理突发事件。但报纸在深度和背景报道上的优势，即使在今天仍然无可替代。电视、广播拥有声画即时传播的优势，往往采取中断正常报道，以插播、字幕报道等方式报道突发事件，此后，还可以用不间断直播的方式，跟踪事件进展。而网络新媒体则

①号外：定期出版的报刊，在前一期已出版，下一期尚未出版的一段时间内，为迅速及时地向读者报道重大突发新闻而临时编印的报刊，因不列入原有的编号，故名号外。

可以更快捷地报道事件，并不断滚动报道事件的各个侧面。新闻编辑在应对突发事件时，应根据自身媒体特点，策划恰当的报道方案。

3.综合性原则

突发事件报道较一般的报道难度更大，在策划报道中，需要媒体内部坚持协同作战，打破条条框框、领域分割，及时捕捉每天的新闻重点，通过集约化操作形成媒体每日的"拳头产品"。同时，充分调动各种传播手段，利用通信、评论、配图、消息、摄影报道等多种新闻表现手法，并做到传统媒体与新媒体融合放大、线上线下同步互动，使报道立体化、丰富化。

4.谨慎性原则

媒体在进行策划报道时，应尊重突发事件的报道规律。当前大多数突发灾难事件可以公开报道，而且要急报快报，尽早让受众、政府知道，以便提早关注、决定对策，这也是媒体充分尊重新闻规律、保证受众知情权的具体体现。而当有些灾难事件事关重大，情况暂时不明时，媒体在事件发生初期不可过于冲动，要有大局意识和全局眼光，谨慎报道和发表言论，防止矛盾激化。对涉及国家安全、国家机密以及可能引发社会恐慌情绪和不安心理的突发事件，可以用内参的形式反映；对于暂时没有完全调查清楚的灾难事故，可先发简讯，再做后续报道。总之，媒体要站在国家利益和人民利益的高度，而不是站在事发当地领导和责任人立场上去决定报道的角度和取舍。

（二）突发性事件新闻报道的策划方法

第一，组建灵敏的信息网，及时发现、获取信源并给予恰当处理。在不同类型的突发事件中，除了地震、暴风雪、洪水等自然灾害外，绝大多数突发事件都不是记者首先发现的。尤其是发生在晚间、节假日的突发事件，媒体得到的往往是二手、三手信息。因此，媒体要及时获知信息，外力的支援是必不可少的。就目前而言，有几种外力可借用：一是在铁路、民航、学校、医院、消防等敏感单位聘请信息员；二是动员记者的亲属、朋友和其他社会关系（包括其他媒体单位的记者、编辑）；三是有效吸引爆料人提供线索。此外，记者还应该保持高度的新闻敏感，时刻关注微博、微信、网络论坛、网络社区上的各种信息，对重要线索能够及时发现、获取信源并给予恰当处理。

第二，全面互动，充分发挥媒体团队合作精神，做深做透突发事件报道。报道突发新闻事件，由于时间紧迫、事件情节复杂，众多细节、背景因素尚待挖掘核实，除了依靠记者个人力量外，还需充分发挥团队合作精神，实现媒体内部不同部门的全面互动，以确保报道的细致深入。

第三，注重策划质量，纵向挖掘，横向拓展，提升突发事件报道的新闻价值。纵向挖掘主要指对整个事件的回顾和时间上的跟进。2015年6月1日晚，从南京驶往重庆的"东方之星"游轮途中突遇罕见强对流天气，在长江中游湖北监利水域沉没。事故发生时轮船上共有454人，后成功获救12人，遇难442人。事故救援期间，《湖北日报》《楚天都市报》等发起了"监利沉船事故滚动直播"等话题，为焦急等待的遇难者家属发布寻人信息，通报获救者身份信息。湖北当地其他媒体迅速赶赴现场，采用文字、图片、视频等手段，通过各种渠道对现场情况进行直播。《楚天都市报》还动用了航拍手段，对事件现场进行全景式扫描。

横向拓展即指挖掘新闻事件不同侧面或发掘历史上的同类新闻。对于"东方之星"沉船事件的报道，《长江商报》没有简单转发新华社通稿，而是对转发的新闻进行深加工，还在报道末尾做了一个链接，介绍近年来类似的沉船事件，拓展了报道广度。这种把个案放在整体中考虑的做法，不仅体现出这类事件的普遍性和重要性，引起受众广泛关注、联想与反省，也有效地提升了突发事件报道的新闻价值。

三、常规新闻报道

常规新闻报道的策划与组织包括许多方面，以下以较具代表性的栏目主题策划、媒体联动报道策划和会议报道策划为例来进行说明。

（一）栏目主题策划

对于任何栏目而言，要想始终保持影响力，除了做好常规性选题以外，每隔一段时间，还应围绕近期国家、社会生活中的舆论热点、社会热点、文化热点以及媒体将要宣传、报道的重点，在准确把握受众心理的基础上，进行一些有意识的选题（话题）策划，有计划、有目的地推出一批精心制作的重头报道与评论，在动态新闻追踪和重点关注之间实现平衡，塑造舆论焦点，有效引导受众关注的视线，树立和巩固栏目在受众心目中意见领袖的权威地位，并全方位展示栏目的风格和个性。

（二）媒体联动报道策划

日常新闻的媒体联动报道既包括不同媒体之间的相互配合，也包括同一媒体（集团）内部的互动协作，这里主要指后一种方式。在当前新闻界强调全媒体转型的过程中，新闻报道策划的特殊性首先体现在新闻呈现形态的多媒体化和发布终端的多元化上，这意味着，针对同一内容的报道媒体的联动报道策划理应成为常态。

（三）会议报道策划

会议是新闻的"富矿"，但不是露天的"矿"，有价值的会议新闻常常被一层厚厚的会议程式所包裹，需要记者睁大敏锐的双眼，才能把隐藏的新闻"挖"出来。会议报道的策划需要注意以下几个问题：

第一，重视议题构建。对于会议报道而言，把握报道重点十分关键。议题选择能够帮助受众对会议的重点内容进行解读，从而便于民众了解会议精神，并参与到与切身利益相关的讨论中。议题选择不可盲目，要对会议的整体进程进行全局性把控，选择与民众切身利益相关的内容，同时还要符合本媒体的定位。

第二，重视内容编排整合。可以采取的方式有："链接"会议相关新闻，从不同角度或采用不同体裁对主打消息进行充实，进一步整合新闻内容，配套刊发有关背景材料、相关新闻、相关评论等，使会议报道分中有合，合中有分。借鉴权威主流媒体报道方式，对重要会议进行分解报道。

第三，创新报道形式。会议新闻报道是各级媒体重要的新闻来源，但其关注度往往不如社会新闻。对此，可以通过丰富多样的表现形式来吸引受众的注意。同时，对于新媒体而言，还可以利用强大的信息收集能力，对会议的细节进行全面的报道，避免"就会议写会议"，力求发现会议中的精彩细节。

第四，注重交流互动。尤其是对于新媒体而言，应为受众提供优质的互动体验，加强对舆论的引导和对意见的整合。互动的方式包括设置评论栏，"直播连线"专栏，投票栏，引导转发、点赞行为等方式，通过各种巧妙的互动设计提高受众参与讨论的积极性。

第三章

新闻编稿与编排设计探究

在我国经济快速发展，社会不断进步的今天，各行各业竞争越来越大，人们对于新闻编辑的要求也日益提高，对新闻编辑工作者的要求也越来越高。本章围绕新闻编辑的组稿和选稿、新闻编辑的改稿和配稿、新闻标题及其制作技巧、新闻版面编排与设计展开研究。

第一节　新闻编辑的组稿和选稿

一、新闻媒体稿件的组织

（一）新闻媒体稿件的来源

一般情况下，新闻媒体稿件来自通讯社、本媒体记者、通讯员、特约撰稿、转载稿件、受众投稿、政府或政党及特定社会团体的文稿等方面。其中，政府或政党的文稿被认为是权威消息的来源，某些特定社会团体发布的信息也被认为是权威消息的来源，这源于发布信息机构的权威性，如气象台站是发布气象信息的权威机构，人民法院是司法审判的权威机关。应注意的是，这类稿件绝大多数在形式上不符合新闻的要求，内容上有很多冗余，需要新闻编辑按照新闻稿件的内容要求和文体要求进行修改。

（二）组稿的主要方法

组稿也叫约稿，是新闻编辑部门专门约请特定作者撰写特定内容稿件的工作。编辑根据报道计划和最新新闻线索，向各种对象约稿，这是其日常工作。每当重大事件发生，编辑部的第一个反应就是调动记者或通讯员赶赴现场，或立刻通知驻地记者采访，向他们布置采访任务，和他们保持联系，依靠他们提供主要稿件，这也是一种组稿。这种组稿是经常的，随时随地进行的。

1.选题

编辑根据报道计划拟定的题目，就叫选题。选题是编辑进行组稿活动的根据。编辑确定选题时应该紧紧围绕编辑方针，考虑媒介特色和受众定位，及时捕捉最具新闻价值的话题。选题是编辑构思的具体化，解决的是"写什么"的问题，包括拟定题目，设定写作题材、篇幅、刊发时间、编排方式及写作方法等。

好的选题应在前瞻性和深刻性、创新性上下功夫。前瞻性就是编辑根据新闻事件的发展，对下一步关注焦点的提前部署，而不是仅仅局限于跟踪报道。深刻性是指在关注事件表面现象的基础上，及时分析和总结，使报道内容更加深刻。创新性在很大程度上取决于报道角度和报道方式上的选择，习惯上的报道角度容易使报道平庸，而选择特别的角度更容易让读者普遍关注。在"写什么""怎么写"两个问题上，编辑要特别谨慎。

2.选人

确定了"写什么""怎么写"，下一步就是"谁来写"了。这是关系组稿工作成败的中心环节，如果仅有创造性的选题，没有真才实学的作者来付诸文字，编辑选题的前期准备工作就可能功亏一篑。

编辑应对记者和其他特定的专业人员比较熟悉，并且与其有长期和稳定的合作，对其专长、特点也比较有把握，这样才能顺利组稿。而对于征稿来说，由于其面向社会大众，编辑不可能全面了解征稿对象，这就需要费一番脑筋。

首先，让作者了解征稿的目的、意图、依据和要解决的问题。

其次，可以把事例和样稿提供给作者，这样不仅能让作者了解版面或栏目的特色、个性和风格，还会使作者对这次的征稿有更清晰的认识。

在选人的问题上，我们应坚持"不薄新人，不厚名人"的态度。一般来说，知名人士的稿件往往比不知名作者的稿件容易被选中，这样可以在一定程度上保证稿件的质量，扩大报纸的影响。但也切不可因此迷信名人，忽视新人，因为大多数新作者写作态度认真，也常以独特的视角、虎虎生气的新姿态进行创作，给版面和栏目注入新的血液，带来一股清新文风。

一个优秀的新闻编辑，应该组建一支自己的作者队伍，要广交朋友，善交朋友，同时还要熟悉这支队伍，了解作者情况、专业特长、兴趣爱好，甚至他们的社会交往、人际脉络，只有这样，才能在需要的时候做到召之即来，来之能战。

3.协调

组稿工作是双向的、互动的。特别是向外部的专家学者、专业权威人士约稿，编辑需要定期甚至于随时和作者联系，了解写作的进度和情况，协助作者解决各种问题，而作者在写作中也将不断反馈意见，对选题或具体的实践提供合理的意见。这是一个双向交流的过程，解决的是"怎样写"的问题。

二、新闻编辑的选稿

新闻编辑部每天都要涌进大量的来自各个渠道的稿件，选稿就是从中选择可供传播的稿件。虽然后续工作中，在稿件的修改、配置等环节，仍会涉及重新选择的问题，但是大量的筛选工作是在选稿环节完成的。因此，选择稿件的工作有着非同寻常的意义。

新闻稿件的选择并不是一次完成的，而是一个不断筛选的动态过程。一般要经过初选、复选和定选三道程序。

初选也可称为"粗选",是编辑部对新闻稿件最初的,也是比较"粗糙"的挑选。它主要在各编辑部门进行,主要操作者是各部门编辑。

复选也称为"精选",是编辑部门对于新闻稿件的第二轮,也是比较"精致"的挑选,主要在各部室负责人处进行。复选是对初入选稿件的再次挑选,大部分稿件经过复选就可以刊发了。

定选是对经过前两轮选择后不能确定的稿件做最后一次权衡和选择,定选的稿件通常由总编辑或编委会集体审定。

初选、复选、定选三道选稿程序是就一般情况而言的,有时在具体操作过程中并非如此简单。初选和复选阶段都可能因编辑部内部意见不一而进行反复酝酿和讨论,也就是说,有时初选和复选会反复进行多次。

第二节　新闻编辑的改稿和配稿

一、稿件的修改加工

对稿件的修改加工是新闻编辑最经常性的工作之一。

作为新闻编辑,修改新闻稿件工作还有其自身的独特性,因为修改新闻稿件与修改一般稿件有许多不同之处:

第一,新闻稿件是以客观存在的新闻事实为报道内容的,它不同于文学作品和艺术创作,因此稿件的内容表述必须与客观事实相符合,必须能真实、准确地反映事实。

第二,新闻稿件要在大众传媒上公开发表,读者广泛,社会影响力大,因此更加强调正确的舆论引导作用,也就是说,比之其他类型的作品,新闻稿件在这方面有更高的要求。

第三,新闻稿件强调时效性,新闻编辑修改稿件有截稿时间的规定,必须迅速而高质量地完成任务。所以,与其他类型的稿件相比,新闻稿件的修改难度更大。

由此,对新闻稿件的修改,编辑应该主要从两方面着手:一是对新闻事实的核实和修正;二是对新闻稿件中立场观点的修正。新闻编辑通过一些具体的改稿方法的运用,依据一定的程序和步骤,完成上述两方面任务之后,加上对稿件辞章的修饰,最终使新闻稿件达到公开发表的水平。

（一）事实的订正

事实的订正包括内容和表述两个方面。事实的内容错了,必然会造成报道的不真实,不准确；事实的表述不当，同样会使得事实模糊乃至扭曲。因而，新闻报道的基本要求是真实、准确、科学、清楚、统一。

1.订正事实的基本要求

（1）真实

真实是指新闻报道涉及的所有内容必须确有其事，新闻报道中所涉及的事实要素必须真实，而且必须反映社会生活变化状况的本质事实，并要经得起时间的检验。

事实是新闻的本源，新闻界历来将真实性奉为新闻报道的最高准则。防范新闻失实，除了加强新闻工作者的法纪法规、职业道德以及严惩等措施以外，编辑们的严格把关更为重要。

新闻编辑在选择稿件时，由于稿件数量多、工作时间紧迫，不可能对每一篇稿件的真实性调查核实。因此，在修改稿件时，判断新闻内容的真实与否是新闻编辑的首要任务。

新闻内容与事实不相符的情况是多种多样的，最常见的是这几类：一是作者虚构，报道内容是作者的主观想象，无中生有，没有任何事实依据。二是东拼西凑，即稿件内容的各个部分也许都是从某些事实出发的，但这些事实并非如新闻报道中说的出自同一事件或同一个人，而是"头是张三的，尾巴是李四的，中间的情节是王五的"，作者把它们拼凑在一处，充作一条新闻，导致新闻违背事实真相。三是细节夸张，即稿件中报道的事情确有其事，但其中的细节被夸大了，把一分说成十分，把偶尔为之说成经常行为，或者反过来，有意地缩小事实的严重程度，避重就轻。四是主观孤证，即为了证明作者的某一主观思想，违背事实原貌选取材料进行印证，造成因果关系不真实，如把多种原因说成是某一种原因，以偏概全，或对真正的原因避而不谈等。五是道听途说，轻信假象，即对新闻现象不加判断地进行报道，致使假象掩盖了事实。

判断新闻稿件内容的真实与否是一项十分复杂的工作，它需要新闻编辑审慎细致地进行分析和查证核实。

（2）准确

新闻报道要做到准确地反映客观变动的现实，必须做到对报道中涉及事实成分的名称、时间、地点、数字、引语等都准确无误，否则会造成严重的后果。

新闻事实的准确表述还与时间的变动有关。媒体只能在某一时间对一件事情进行真实报道，新闻真实作为社会变动的某个片段的画面，只能是事件相对的一个静态。新闻没有普遍的真实，只有具体的真实，取之于事实某个或若干个瞬间的状态。

（3）科学

新闻报道科学要求是指涉及自然科学、社会科学的新闻事实、文字表述必须符合科学。对于生活常识解释不了的现象，必须通过科学实验才能被认为是事实，比如亲子关系等。随着社会的发展，需要科学认证的事实越来越多，而且科学认证往往具有更高的权威。和一般权威认证方法相比，科学认证更依赖于科学仪器和专业人士。

（4）清楚

清楚是指对于事实的表述要让读者看得明白，不留有疑问。新闻稿件写作不清楚往往有以下几方面的原因：一是名称过于简单。在稿件中第一次出现的地名，如果不是读者十分熟悉的，应该用全称，写清楚它所属的省、区、市（国际新闻还应注明国家），后面才可以用简称。二是缺少新闻要素，如与新闻时事相关的时间、地点、人物、原因等要素有遗漏。三是缺少必要的背景交代，读者难以理解新闻的价值和意义。四是缺少必要的细节交代，读者对时间发展变化的过程很难把握。五是缺少必要的解释，特别是一些专业性较强的新闻，往往涉及一些艰深的专业知识，如果没有通俗的解释，读者很难看懂。

（5）统一

统一有两层含义。一是指在同一篇或同一组稿件中，关于事实的表述前后要一致。譬如提及某个具体事件并且提到星期及日期时，一定要核对日历，确保日期和星期对应。二是指新闻事实的表述方式要与全国规定的或通用的方式一致，比如译名、计量单位、数字的写法等，不能随心所欲。

新闻编辑要在修改稿件的过程中严格做到以上几点。在实际操作中要求：新奇性要服从科学性，可读性要服从可靠性，信任感要服从责任感。

2.订正事实的常用方法

（1）分析法。分析法是新闻编辑通过对稿件所叙述的内容和叙述方法、写作条件等进行逻辑分析，分析是否有破绽或疑点的一种方法，这种方法在改稿时采用最多。新闻编辑运用已经具备的知识和经验，通过对稿件的内容、信源、作者、时间等方面的分析、比较，发现问题并进行改正。具体而言，编辑应该着重分析稿件内容是否违反常识或不合情理，前后内容有无自相矛盾，消息来源是否可靠以及稿件作者是否具备采写稿件的条件等方面。

（2）核对法。在有些情况下，分析法只能帮助编辑发现问题，到底错在哪里，真实的情况和正确的表述应该是怎样的，仅靠编辑的知识和经验还不足以得出结论，这时就要采用核对法，即新闻编辑借助有关资料发现和纠正稿件中的事实差错的改稿方法。采用核对法改稿，要求所用的资料必须权威、新鲜、直接。

（3）调查法。有些新闻稿件是否真实、准确地反映了客观事实，仅靠前两种方法还不能明确判断，编辑要在时间允许的情况下，针对报道中的疑点进一步调查。对新闻事实的调查要注意全面地选择调查对象，尤其是对于重要问题和批评报道的调查，不能道听途说，也不能偏听偏信，要全面地向领导、群众和当事人了解情况，要广泛听取各方面的意见。其中，对于那些反映重大新闻的稿件、批评性的稿件、在事实或观点方面有疑点的稿件、新作者的稿件、容易失实的作者的稿件、积压时间过长的稿件，需要特别调查核对。

（二）修正观点和立场

对新闻稿件的修改，除了事实的订正和核实外，还要特别注意稿件中的观点和立场正确与否。

1.观点错误的表现形式

观点错误的表现形式不尽相同：有的直接出现在新闻稿件中；有的隐藏在字里行间，从作者表达的思想、感情中得以流露；还有的通过对事实的选择体现出来。无论是哪种表现形式的错误都要彻底消除，以保证稿件在思想政治方面的正确性。具体而言，需要警惕以下三种观点或立场错误。

第一，最显而易见的一种情况，是直接出现在用字、用词上。由于语言使用不当，使新闻报道与党和国家目前的方针、政策、指导思想相违背，这是一种显性的观点差错。

第二，是因报道的选材与角度不当，造成观点和立场的错误，这是一种隐性的观点偏差。

第三，是因新闻记者对客观存在的事实的认知水平、采访活动的客观条件和稿件篇幅的限制，导致新闻稿件中表现出的立场与观点的偏差或含混。

2.修正错误观点的主要方法

在修改稿件时，新闻编辑一定要把握好有关的政策、法规界限，认清事物性质，具体问题具体分析。

（1）在编发稿件的过程中，要辩证地看待问题，避免思想片面。

（2）要注意稿件中的说法、做法是否符合政策、法律、法规，在生活中能否行得通、用得上，实行时是否有负面影响。

（3）批评性、揭露性及法制类稿件，往往会涉及社会阴暗面或一些不宜公开的内容，编辑在修改这类稿件时，要特别注意把握好"度"，防止"媒体审判"。在媒介无孔不入的多媒体传播时代，媒体审判现象屡见不鲜，"药家鑫案""李启铭案"都是具有代表性的媒体审判案例。媒体审判往往发生在犯罪嫌疑人被拘留到接受法庭审判这一敏感时期，尤其是犯罪嫌疑人以囚衣、光头、手铐的典型罪犯形象在全国观众面前认罪致歉。在这一时间段内，媒体报道容易通过选择性地报道，左右司法调查方向，通过观点的树立和传播放大媒体话语权，通过受访者或媒体本身富有情感的语言挑动公众情绪，从而最终影响判决，造成严重的负面影响。

（4）注意保密。由于媒体是公开传播的，有许多媒体还是对外刊播的，许多国外情报机构把媒体作为获取情报的一个重要途径，因此，新闻编辑要加强保密观念，注意保守党和国家的机密。稿件中泄密主要表现在报道过细而言多必失、时间把握不当、不注意内外有别。从近年来新闻报道泄密的情况看，泄密的多发区主要集中在尚未公开的政治、经济决策方针，涉及国防军队建设的规划、决策，世界领先水平和地位的重大科技成果等领域。总之，机密的构成是以一定的时间、地点、条件为基础的，编辑在修改新闻稿件时务必对新闻报道内容做具体细致的分析，对于那些一时难以判断的，也应该向有关部门请示，不能轻率从事。

（三）改稿的步骤

改稿一般要经过三个步骤：

第一，通读全文，分析稿件。编辑只有认真通读全文，才能对稿件的主题、结构以及语言的使用有一个全面了解，在此基础上才能确定需要修改的地方。在这个阶段，稿件阅读得越仔细，编辑就越能够发现修改的方向和重点，对稿件的修改也就越完善。

第二，设计方案，着手修改。编辑在通读一遍后，再回过头来对需要修改的地方仔细揣摩、细细衡量。在进行第二遍阅读时，编辑可能会产生一些新的想法和认识，伴随着阅读进行更为缜密的思考，不但要综合考虑文章的结构，还要做到字斟句酌。

第三，检查复读，精益求精。当编辑按自己的修改意图对稿件进行修改后，有必要再对整个修改后的稿件从头到尾阅读一遍，目的是检查修改是否全面，是否符合原意。阅读过程中，如果发现还有不完善的地方，应再次斟酌。所以，反复阅读的过程，常常也就是再修改的过程。

二、稿件的配置

稿件的配置是编辑按照一定的报道意图，将零散的稿件搭配、组织成有机完备的稿群整体，以使呈献给读者的版面有序易读，实现报道的强化和深化，获得整体优于部分之和的积极效应。简而言之，稿件的配置，是编辑对两篇或两篇以上的一组稿件进行局部组合的一种编辑方法。稿件之所以需要进行配置，是由于编辑工作中，需要根据各个版面的具体情况，消除单篇稿件的局限，以适应读者的阅读心理，进而提高传播效率。稿件的配置是新闻编辑工作的主要内容之一，主要是编辑针对稿件所进行的编辑工作，也是单稿编辑的后续工作，其包括稿件的组合和稿件的配合。

（一）稿件配置的意义

从单稿到群稿，就是稿件配置的过程。稿件的配置并不局限于追求单篇稿件的质量，而是针对已有的稿件进行扩展、丰富和深化，着眼于将若干稿件组成稿群，更讲求稿件之间的相互关系，通过稿件间的相互配合创造更好的整体传播效果。稿件如果配置得恰当得体，可以使版面变得有序易读，新闻报道和新闻评论得到进一步的深化和强化。如果稿件配置不当，便会使版面的整体宣传效果减弱，达不到宣传的目的。编辑工作强调稿件配置要效益最大化，稿件配置应具有以下三方面重要的意义：

第一，有利于充分挖掘新闻信息资源，深化报道主题。无论稿源多么丰富，每一单篇的新闻稿件，其报道范围、报道深度相对于无限变化的客观存在来说都是极其有限的，单稿的这种缺欠在报道一些并不是很复杂，也不太重要的客体时，可能不会造成太大影响，因为受众并非对所有的报道客体都要知道其全部的信息。然而，如果是报道重要的事件、人物或问题，单稿的缺欠就会使报道不能全面地反映客体，不能满足受众的需要。通过稿件的配置，常常能够弥补单稿的这种不足。对于受众普遍关心的重要事件、人物或问题，应该采用若干稿件充分挖掘新闻信息资源，从多种角度采写，从不同的层面上表现主题，通过稿件的配置来全面反映报道客体。

第二，有利于灵活多样地运用表现手法，加强传播效果。任何媒介的某一条稿件所能采用的表现手法是有限的，往往只能用一种体裁来表现主题。而稿件配置特别是稿群的运用，能够弥补单稿在表现手法上的局限性，获得更好的报道效果。正是由于多种体裁的稿件相配合，才使报道的主题得到更加充分地表现，报道也因此更有广度和深度。

第三，有利于优化媒介的新闻产品，表现风格特色。新闻稿件是组成新闻产品的最小元素，新闻产品都是由局部构成的一个系统。不同的新闻媒介，由于最小元素的组织结构和组织方式不尽相同，通过不同的稿件整合与编排，表现出不同的版面风格和特色。稿件的组合与发展，对优化新闻产品、形成风格特色具有重大意义。实际上，新闻产品的局部设计与新闻报道策划中已经包含了稿件配置方面的设计，编辑运用各种编辑手法修正、补充和组织稿件，最终才能完成新闻产品与新闻报道的设计目标。即使在排版过程中，根据版面的具体情况，编辑也有可能需要在原来的设计范围之外进行临时性的稿件配置，但这种设计思路之外的临时性稿件配置，既是编辑主观能动性的体现，也是对报道设计思路和报道方案的一种适当调整和补充，对优化媒介新闻产品、体现风格特色，与常规性的稿件配置一样都具有一定意义。

（二）常见的稿件组合

稿件的组合，是指将具有某种共同性的稿件合编，组成统一的稿群。单篇稿件能够组合在一起，前提是这些稿件相互间有某种关联，或者具备某种共同的特点，例如主题相同、内容相同或形式相同等。最常见的稿件组合包括同题组合、专栏集中和集纳。

1.同题组合

同题组合，是将内容有关联的稿件放在同一标题之下集中发表。

同题组合的优点如下：第一，以多篇稿件从多角度报道同一新闻，或全面报道事物的各个侧面、各个阶段，因此，受众能够全面了解报道对象，获得更多的信息。第二，多篇稿件归纳于同一标题之下，减少稿件之间的相互重复使用，精简了稿件，并节约版面，也节省了受众的阅读时间。第三，以多篇稿件反映同一主题，使稿件之间的凝聚力加强，突出报道重点和报道声势，强调报道主题，使报道主题得到升华。

当然，同题组合也存在一些缺点，如每篇稿件的重要性不能充分体现；篇幅易长、版面易臃肿等。同题组合常用的编排方法主要有两种：一种是组合内容相同的稿件，从稿件内容的同一性中归纳主题；另一种是组合内容性质对立的稿件，从稿件内容的矛盾性中提炼主题。

2.专栏集中

专栏是报纸、网页和广播电视节目中相对独立的一个组成部分，它是由某些具有特征的稿件，按照某种特殊的编排形式组成的。报纸和网页上的专栏常常以线条做边界，自成格局，具有以下特点：第一，组成专栏的稿件之间存在共同性（同一主题、内容、体裁等）。第二，四周加框或勾线，自成格局，与版中的其他局部相区别，具有相对独立性。第三，有栏目或栏题，亦可配总标题，各篇稿件有自己的标题。

专栏的形式可分为单一性和集纳性专栏两种。单一性专栏一般每期刊发一至两篇稿件，具有连续性，内容、特点、名称等都需要进行详细的专栏策划。集纳性专栏则由多篇稿件集合而成，其时间、地点、人物、事件、行业、领域或主题有同一性。集纳性专栏具有变分散为集中、寓多样性于统一和寓独特于整体的特点，不过每篇稿件的重要性不能充分体现，有时还会有影响时效性。集纳性专栏有连续性和非连续性两种，连续性的集纳性专栏目前出现得较少，非连续性集纳性专栏都是一次性的。

还有一种形式，又称专页，以全部或除广告之外的大部分篇幅刊登一组具有共同性稿件，称为专版。专版与专栏相似，都是由一组具有共同性的稿件所组成，是专栏的放大，只是所占据的篇幅不同。前者是全版，后者是版中的局部。

专栏是目前我国报纸经常采用的一种编辑方法，它的长处是显而易见的：首先，由于专栏在版面中自成格局，与版面中的其他部分有所不同，因而比较引人注目。其次，专栏将一组稿件集中于某种共同性之下，这种共同性无疑因此得到强化。最后，专栏特别是集纳性专栏，因是稿件的集合，组成专栏的每一篇稿件不必求全，可以写得相对简短，写得精粹，更受读者欢迎。

3.集纳

集中编排，又称集纳，是将若干内容具有紧密联系的稿件集中在一处刊登。采用集纳的稿件通常仍有各自的标题，有时设总标题，有时不设总标题。集纳都为非连续的，没有栏目，通常在版面中也不以勾线、围框等形式与其他稿件分隔，只是将各篇稿件就近编排在一起。集纳可以占据局部版面，也可以占据整个版面。就组织统一的稿群来说，集纳比之问题组合、专栏集中、专版更为自由和灵活。

（三）稿件的配合

稿件的配合是指按照一定要求，给已决定要发表的稿件配发相关稿件。与改稿中的增补不同，这种配发主要是为了解释、补充，以增强稿件的可读性、说服力和感染力。最常见的配合形式有配评论、配图片、加编者按语、配发示意图表等。稿件的配合是一种新闻拓展，将从不同角度反映主题的若干篇稿件组织为一个整体，形成"稿群"，从而使新闻报道达到相应的广度和深度。

1.配评论

配评论，指的是为重要的新闻稿件配发简短的言论。配合新闻稿件的评论要根据报道内容立论，并且深化报道。新闻是一种特殊的信息，特点在于报道最新发生的客观事实，使人们对外界的认识从不确定到比较确定，这是新闻的长处，但也具有相应的短处，如难以说理，而评论的长处恰恰在于说理。它通过分析、论证的方法来提示隐含于事实之中的思想、道理和规律，因而，配评论可以补新闻之不足。配置评论的种类一般有社论、本报评论员评论、短评、编者按、编后感、个人署名评论等。并不是所有的新闻稿都需要配评论，配评论的情境主要有：

（1）方向性新闻。能展示事物的发展方向，具有时代特点，能够体现时代精神，或符合时代主旋律的人和事等。

（2）批评性新闻。直接表明对一个事物或一种现象的态度，批评并揭露具有代表性又有普遍教育意义的违法乱纪、玩忽职守、侵害公众利益、扰乱社会治安等事件。

（3）倾向性新闻。依托具体事例阐明有关方针政策或原理，着重报道有关在落实政策中出现的涉及倾向性问题的事实，防止偏差和失误。

（4）对比性新闻。提示典型或具体事件的社会意义，通过对纵向、横向，以及矛盾的不同侧面的报道，引导舆论或给人以启迪。

配评论必须注意是从新闻稿中借题发挥，即要依托新闻事实进行评论，而不是随意地评论。配评论还需要对新闻主题进行深化，要高于新闻报道，给人以启迪，篇幅不宜过长，不喧宾夺主，一般情况下不应长于依托的新闻稿。

2.配图片

文字稿之所以需要配图片，首先是因为图片具有文字稿所不具有的长处形象直观。其次图片所包含的信息一般要比文字稿更为丰富。对文字符号的理解需要有一定的文化水平，而图片具有形象性，文化水平较高或较低的人都能理解，雅俗共赏。图片的种类主要有三种：一是新闻照片，二是绘画，三是图表。而配图片的方式主要有两种：一种是直接配合，即图与文表现的是同一对象；另一种是间接配合，即图与文表现的是相似或相近的对象。

3.配资料

配资料是新闻编辑为新闻稿件补充配发的相关资料，是对新闻报道的一种扩展。仅仅是新闻报道本身，有时很难使读者的新闻欲得到满足，这是因为读者在阅读过程中可能会遇到疑难。要解答读者的疑难，满足其新闻欲，一个重要途径就是为新闻报道配发相关的资料。资料是新闻报道的扩展和延伸，是发展新闻的重要手段。平面媒介配资料的主要类型有文字、照片和图示，网络媒介对资料的配置，还可以采用音频、视频、Flash动画、时间轴等多媒体形式。

一般而言，需要配发新闻资料的类型主要有：①新闻人物，即对新闻报道中出现的人物、组织做比较全面的介绍。②新闻背景，即介绍新闻事件的历史渊源和发展过程，使读者对事件的来龙去脉有所了解。③新闻地理，即介绍与新闻有关的地理方面的知识性资料。④科学知识，即介绍新闻报道所涉及的有关自然科学和社会科学方面的知识。⑤名词解释，即对新闻报道中难懂的名词如术语、成语、典故及方言、外语等进行通俗的解释和说明。

配资料的主要方法，可以采用"由今天向昨天延伸"的方法，即"纵"向的方法来配发相应的人物、事件的历史；也可以采用"点向面的扩展"的方法，即"横"向的方法，来对新闻稿中的人物、地点、事件作补充交代。配资料还需注意把文字符号、图像符号等尽可能地向知识转化，要紧密配合新闻，文字简洁朴实。

4.加按语

按语也叫作"编者按"或"案语"，报刊上常用的一种长短不拘、自由灵活的评论形式，也称"按语"，后简称为"按"，是编者对编发文章的提示、说明、补充、批注、评价等。按语一般写在一篇文章或一组文章的前面，有的则穿插在一篇文章的中间，它可以就事论理，也可以借题发挥。按语通常只有二三百字，甚至只有一句话。按语主要有评论性按语、说明性按语和解释性按语三种类型。

（1）评论性按语。评论性按语是对整篇稿件或者稿件中的某一部分发表意见，以引起受众的注意和思考。配发评论性按语与配发评论的不同在于按语更加简短，一般没有标题。

（2）说明性按语。说明性按语主要是对发布稿件的背景与用意、对稿件的来源及作者的情况等加以说明，也可以对稿件中某一句话、某一个字做解释和说明，以帮助读者准确了解其意思。

（3）解释性按语。解释性按语主要是为稿件中读者不太熟悉的某些事情做简略的注释。如注释某些难懂的名称，注释文中提到的其他资料的情况等。

在策划性选题的报道中，编辑经常采用说明性按语对整个报道的背景和宗旨加以说明。另外，在推出新的专栏时，也往往采用"编者按语""开栏的话"等向读者说明开辟此栏的宗旨与目的，同时向读者约稿。

（四）稿件的调剂

一个版面上通常要刊载若干文稿和图片，一篇文稿、一幅图片都是信息集合体，都具有相对独立的内容，也是读者读报时最基本的阅读单元。当若干文稿和图片组成一个版面时，这个版上的文稿和图片相互间就有了更紧密的联系，读者的阅读单元就放大了，此时这个版面就成了读者阅读时的一个单元，一个比单篇文稿或单幅图片更大的阅读单元。一般一个版面只有一篇稿件的情况是很少的，版常包含若干文稿和图片，在内容上涉及多个领域、多个地区，在形式上也具有多样性。

1.稿件调剂的含义

每个版面都有其固定的版面空间和版别，一个版面是一个整体，具有内部联系，读者在阅读时往往会把一个版上的内容和编排形式联系起来阅读和理解，而多样性的集纳是版的显著特征。因此，编辑在进行版面编排时，需尽可能协调版面区域与区域之间，稿件与稿件之间，稿件与图片、图示、表格等配发资料之间的关系，把文、图这些较小的阅读单元组成更大的统一阅读单元。版面的这种各元素之间的整体优化与协调，就称为调剂。一个版面作为一个大的阅读单元，它所刊登的稿件应该具有多样性，能够运用新的内容、新的方式吸引读者，这就需要编辑对全版要刊登的内容进行配置，处理好版面的形式，既要讲究版面的编排，也要讲究稿件的调剂。

2.稿件调剂的种类

读者阅读报纸时，首先会在视觉上对版面有一个整体感受，其次是内容和体裁等方面的感受。一般版面和稿件的调剂种类，主要包括以下五个方面：

（1）内容的调剂。报道题材要力争广泛。报道对象方面，一般情况下应避免一个版面上多条新闻报道的是同一个人、同一个单位；报道地区方面，一个版面报道地区也宜广泛，而不宜集中于一两个地区上；报道角度方面，同一个版面上的报道所采用的角度最好多样化。

（2）趣味的调剂。各类稿件由于反映内容的不同，以及作者反映内容过程中所表现的不同审美态度，会表现出不同的兴趣特点，需要对读者阅读趣味进行调剂。

（3）功能的调剂。报纸上刊登的各类稿件，对社会具有不同的功能。编辑应对一个版面的内容进行合理配置，使其更好地发挥各篇稿件可能产生的社会功能。

（4）体裁的调剂。体裁是作品的表现形式。一定的体裁总是与一定的内容、功能相联系，因此，要求一个版面具有内容和功能的多样性，就必然要求体裁的多样性。体裁多样，相互调剂，不仅有助于表现丰富多彩的现实生活，而且有助于增强可读性。

（5）长短的调剂。对一个版面的内容进行配置，对于稿件的篇幅大小也要注意，最好是长稿与短稿相结合，既有广度上的拓展延伸，也有深度上的质的提升。

稿件的组合、配合与调剂并不是随意的，必须遵循媒体的定位、编辑方针、本次报道的报道意图，将各个独立的单篇稿件或报道，根据关联性原则、全局性原则和服务受众原则来进行优化组合，最终才能实现新闻信息资源的合理配置，充分发掘新闻内容，全面客观反映报道对象，深化报道主题，加强传播效果。

第三节　新闻标题及其制作技巧

一、新闻标题的基本认识

（一）新闻标题的作用体现

新闻标题在报纸、栏目中占据着重要地位，其作用主要有以下四点：

1.揭示内容

新闻标题对新闻稿件中最重要的新闻事实进行简要提示，使读者在最短的时间内了解新闻的主要内容，这是新闻标题必须具备的一种功能。如"教育部：农村营养改善计划受益学生超3 360万"，稿件中报道的超过3 360万名学生受益于农村营养改善计划的新闻事实直接在标题中予以体现。尤其是在经济和社会快速发展的今天，受众所处环境瞬息万变，新闻信息量快速增长，直接导致报纸的版面不断增加，少则十几个版，多则几十上百个版，大大增加了受众对新闻选择的难度和阅读的压力。在快节奏的工作和生活中，受众的时间呈现愈发剧烈的碎片化，他们很少从头到尾一字不漏地读完每一则新闻，只能通过新闻标题粗略浏览，以做出选择和判断，获得相对较为感兴趣的信息。

随着网络技术的不断发展，移动互联网技术趋于成熟，受众除了选择电脑终端在门户网站和其他网页获取新闻信息外，大量的信息发送类App诞生，大多数受众在使用App获取信息的同时，也成为信息的生产者，随时随地生产信息。在新媒体发展领域，已经出现一些App利用网络信息技术对受众产生的信息进行分析，为受众进行信息初选，在这个过程中，新闻标题直接决定了这则新闻是否能够最终到达受众的手中。所以，新闻标题要将重要的新闻事实反映出来，才能有效地帮助受众进行选择和阅读，并能更加有效地扩大信息传播面。

2.评价新闻

新闻标题在20世纪初期进入新闻现代标题阶段之后，评价新闻内容的功能逐步显现。随着多行标题的大量采用，新闻标题不仅能够揭示最重要的新闻事实，而且还能够对新闻事实进行评论，代表新闻媒体进行表态、发言。新闻标题的这一功能，对新闻媒体担负起舆论引导的重任，对新闻报道取得良好的社会效果起到了重要作用。

新闻标题评价新闻内容，可以通过多种方式实现。第一，可以通过对新闻事实的选择进行评价，标题中写什么不写什么，本身就是一种评价；第二，可以通过对标题内容的安排进行评价，主题内容与辅题内容的区别，也可以让受众感受到媒体的态度与评价；第三，可以对新闻事实直接发表议论；第四，可以通过语言文字运用技巧，选择褒贬鲜明的词语制作标题，表现媒体的态度和评价。

3.激发兴趣

新闻标题不仅能向受众提供最重要的新闻事实和观点，还能够以生动优美的形式、幽默诙谐的语言吸引受众的注意力。如标题采用设问句的形式，提出受众最感兴趣的话题，或者以比拟的手法，生动描述新闻事实中最精彩的一幕，这些表现形式都会对受众产生强大的吸引力。当然，新闻标题能够吸引受众，首先还是其揭示的新闻内容是受众需要了解、极度关注的东西，但形式新颖的标题，语言运用巧妙、形象，可以使重要的内容得到更好的表现，以激发受众的兴趣。

4.美化版面

中国传统书画非常讲究留白艺术。为了使画面作品更加协调、精美，必须在作品整体结构上要留有空白，虚实相间。从某种意义上讲，报纸版面也是一张绘画作品，如果一张报纸只有密密麻麻的印刷体文字，看起来既不美观，也不方便读者阅读。标题的使用就可以使得原本呆板的版面变得活跃起来。在版面上，通过不同的字号、字体可以区分稿件内容的重要程度，也可以将一组同性质的稿件组成专栏、专题，冠以一个大标题。这样，整个版面就会层次分明，条理清晰，变得眉清目秀。制作标题时，还可以借助多种美术手段进行装饰点缀，达到美化版面的作用。但是，标题要真正起到活跃和美化版面的作用，还需要具备以下几个条件：一是标题本身要美；二是标题形式要多样；三是标题要变而有序，轻重适宜；四是标题修饰要得当。

此外，不同媒体有着不一样的风格，同一媒体的不同版组也可以风格迥异。通过标题，还可以表现媒体鲜明的风格特色。中央媒体与地方小报、财经媒体与体育杂志，同一媒体的时政版与娱乐版、平面媒体与融合媒体，它们的标题无论从表现形式还是内容，都各有特点。

（二）新闻标题的常见类型

根据标题与稿件的关系，新闻标题可以分为两类：一类是单篇新闻标题，即我们通常意义上说得最多的新闻标题；另一类是多篇新闻共有的标题，即大标题。此外，还有一种介于新闻与标题之间的标题新闻。若以标题的内容特点划分，新闻标题又可以分为实题与虚题两大类。

1.单篇新闻的标题

在一篇新闻中，可能出现的标题有五种，即主题、引题、副题、提要题和分题。其中，只有主题是可以单独存在的，引题、副题、提要题和分题都不能脱离主题而单独使用。

（1）主题：主题是新闻标题中最主要的题目，是标题的核心部分，用以说明最主要的新闻事实或者观点，其所用字号最大、字体最为醒目、地位最为突出。

（2）引题：引题又称为眉题、肩题，位于主题之前，是用来引出主题的辅题，字号较主题略小。

（3）副题：副题是用来对主题进行必要的解释和补充的，位于主题之后，又称为子题，字号相对主题和引题都小一些。

（4）提要题：提要题也叫提示题、纲要题，位于主题与正文之间，它提纲挈领地对新闻中的主要事实和观点进行概括，较为详细地向受众介绍新闻内容，字号介于标题与正文之间。提要题主要用于内容比较重要、篇幅比较长的新闻中，旨在帮助受众迅速了解新闻的主要内容，使得受众可以在最短的时间内掌握最多的新闻信息。

（5）分题：分题又称为小标题、插题，它是穿插在新闻稿件中，对每个部分的主题进行概括的辅题，通常用于篇幅较长的新闻中，用以对主题进行补充，也可以打破稿件的冗长视觉，美化版面。

分题一般有以下一些特点：一是在不影响内容表达的前提下，每个分题的字数相近、结构相同，给人以统一、整齐的感觉；二是每个分题下辖的正文文字篇幅也长短相近，利于版面编排。

2.大标题

大标题是对新闻事实的概括，也可以是观点立场的表述，比如与新闻内容相关的口号、语录等，大标题也称为横幅、牌子、刊头等。作为口号形式出现的大标题，通常是就某一阶段的报道重点提出方向性、指导性强的思想观点或倡议，宣传鼓动性明显。对新闻事实进行概括的大标题，可以是对某种新闻现象的概括和揭示，也可以是由新闻事实来引出某一问题。大标题的作用主要是集纳同一主题的新闻稿件，化零为整，形成报道规模。

3.标题新闻

20世纪80年代中期，一种脱离新闻而独立存在的标题在我国报纸上出现了，这就是以标题的形式对新闻事实进行简要的报道，介于标题与简讯之间的一种新的新闻体裁——标题新闻。1985年，《经济日报》《文汇报》等开始使用标题新闻，这一新的标题形式在当时引起了广泛的注意和争论，人们对此看法褒贬不一。直至今日，标题新闻这一形式已经在媒体上得到普及，成为人们运用较为广泛的一种特殊的新闻品种。

标题新闻通常具有三个特点：一是重要的新闻要素齐全。因为标题新闻是独立存在的，要使得受众从中了解新闻的全部内容，就必须把所有必不可少的新闻要素都包含在内。二是具备标题的结构和特点。标题新闻在形式上仍然是标题，而不是文章，所以，它具有标题的结构和形式，其制作与标题制作的原理是一样的。三是标题新闻一般比较严肃、简洁，不加修饰和渲染。标题新闻一般用于政治、经济、外事等内容比较严肃和单一的题材，要求用尽可能少的文字说清楚新闻事实，不能给受众造成误解。

4.实题与虚题

实题是指叙述事实的新闻标题，着重表现具体的人物、动作和事件等。虚题是指发表议论的新闻标题，着重说明原则、道理和愿望等。实题可以独立存在，虚题必须依附于实题而存在。受众看到实题，可以了解新闻中的主要新闻事实，阅读虚题则无法了解新闻中的主要事实以及为何发表此议论。因此，在多数新闻稿件的标题制作中，既要告诉受众基本的新闻事实，又要表达媒体的态度和观点，就会采用虚实结合的标题。

二、新闻标题的制作技巧

新闻事实是新闻标题制作的依据，每一篇优秀的新闻稿件都离不开一个好的标题，编辑除了要掌握新闻标题制作的基本原则和步骤之外，还要熟悉和掌握基本的标题制作技巧，以达到事半功倍的效果。

（一）技巧一：标榜特色与个性

随着网络新兴媒体的不断发展，传统的受众已经变身为新的信息传输过程中传受一体的特殊媒介，他们热衷于利用手机微信、微博等社交软件将自己身处的环境变化告知他人，致使网络中的信息数量每天都呈几何级数增长。在此背景下，媒体必须抓住最具有个性和特色的新闻内容，才能让千千万万的受众在信息海洋中过目不忘，因此，编辑在制作标题时必须找到稿件中具有特色和个性的内容，进行加工和提炼，并在标题中予以表现。

媒体编辑每天面对大量的新闻稿件，在制作标题时要避免雷同，就需要在落笔做题时潜心研究。如果受众点开网站、翻开报纸、打开电视，看到的都是千篇一律的词语和大量雷同的空洞套话，如网民们总结的"所有的会议闭幕都是圆满闭幕、所有的掌声都无比热烈"等，势必会让受众对我们的媒体失望至极并产生反感。

（二）技巧二：开门见山抓主题

标题通常是一篇稿件主题或者中心思想最直接、最简洁的反映，抓住稿件的主题制作标题，是新闻标题制作最常见的方法之一。在消息的标题制作中，从最有价值的导语部分寻找制作标题的材料，可谓是最为便捷有效的方法了。

但是导语并不是制作标题的最好依据，也不是唯一依据，因此，标题制作时不仅仅要阅读消息的导语部分，更要通读消息全文，把握稿件中最重要的新闻事实，再将其与导语相结合，从而准确地制作标题。

（三）技巧三：坚持事实第一位

标题作为受众最先接触到的部分，很大程度上决定了受众是否继续阅读新闻内容，因此，标题应该尽可能多地表现新闻中的主要事实，揭示尽可能多的有效信息。标题要坚持将新闻事实放在第一位，就是要正确理解新闻稿件中所描述的新闻事实，正确确定新闻的立场和观点。一般而言，对于那些以提供信息为主的新闻，并不需要展现媒体的评价和立场，只需要客观陈述主要内容即可。而对于以报道分析为主的稿件，就需要标题给出一个鲜明的态度，不仅在标题里告诉受众发生了什么，更要让他们知道如何正确地去看待所发生的一切。

一般来说，标题的表态方式有两种：一种是通过选择事实来表达观点和态度，编辑根据媒体和自己的立场、态度进行准确的判断，选择新闻中最为主要的事实在标题中予以体现；另一种是通过直接发表议论和情感来表态，标题通过富有感情色彩的词汇将媒体和编辑的态度鲜明地表达出来，使得受众也受到感染和影响。

（四）技巧四：巧设悬念与惊异

在制作标题时，编辑可以巧妙地运用新闻事实，有意识地将新闻中那些稀奇罕见的、对比强烈的、不合常理的事实放在一起，设置悬念，激发受众阅读的兴趣。常用的方法有以下几种：

一是歧义法。在标题中有意运用一些中性词或者带有强烈感情色彩的贬义词，故意造成歧义，使得受众看到标题时产生困惑，从而吸引其继续阅读。

二是设问法。在标题中对大家都非常关心的问题，运用设问，提出问题，以此吸引受众去新闻中寻找问题的答案。

三是反常法。将一些不符合受众生活常理的事实摆在标题中，激发受众的兴趣，吸引受众到正文中去了解发生反常事情的原因。

四是惊异法。这类标题适用于一些报道令人震惊的新闻事件的稿件，用诧异、惊讶的语言来制作标题，用富有特色、耐人寻味的词汇来表达，让受众如临其境，如触其物。

（五）技巧五：新闻标题口语化

现如今的新闻标题中大量使用了口语中特有的词语、顺口溜、打油诗以及口语表达中所特有的语气词，第一、第二人称代词等。

口语化的标题通俗易懂，能直陈感情，可以最大限度地吸引群众语言中的鲜活成分，变静为动、化死为活，将某些比较抽象的新闻题材更加具体化，增加新闻标题的生动性、表现力、感染力，使之成为活生生的东西。

值得说明的是，我们在掌握基本的标题制作技巧的同时，更需要注意标题的过度制作导致成为"标题党"的做法。由于在现今网络中出现的故意使用较为夸张、耸动的标题来吸引网友点击观看的行为，国家网信办曾联合相关部门开展了整治乱改标题、歪曲新闻原意的专项行动，并出台了《互联网新闻信息标题规范管理规定（暂行）》。

第四节　新闻版面编排与设计

版面编排是将文字、图片等元素在版面调整，使版面布局条理化的过程。编排手段是编辑安排版面所采用的物质手段，它是构成版面的重要组成部分，也是版面语言的一种基本形式。作为版面的编排手段，不同的字符、图像、线条、色彩具有不同的特点，对读者的视觉产生不同的刺激，引起不同的认识、感情和审美反应。正确认识各种编排手段的特点，对于安排版面十分重要。

一、新闻版面的字体与字号

版面主要是通过字符来传递信息的。在版面编排中，字符的变化主要看字体与字号。字体可以显示稿件的特性，字号可以显示稿件的分量。版面编排通常涉及字体、字号的选用，字符间距调整等方法。

字符的形状称为字体。目前我国的报纸所用的字体有报宋体、活体字、仿宋体或黑体，标题所用的字体五花八门，有黑体、宋体、楷体、隶体、魏碑、粗圆、综艺体、琥珀体等，还有其他一些可选字体，如小姚、行楷、准圆等，以及创新的艺术字体，如倾斜字、旋转字、空心字、立体字等，字体十分丰富，还可以任意变形。不同的字体具有不同的风格色彩。宋体字正直大方，比较端庄；黑体字粗犷厚实，比较雄浑；楷体字流动自然，比较活泼；仿宋体纤细清秀，比较轻巧；隶书体古朴飘逸，比较典雅。在选用标题字体时，应根据标题的内容，采用风格色彩相应的字体。但对一张报纸来说，标题的字体越是简约，版面越是大气，过多地使用字体恰恰会给人凌乱的感觉，如《文汇报》的稿件大标题只用黑体和大标宋两种。

字符的大小称为字号。目前，激光照排报纸出版系统一般都配有从小7号字到96磅大字，共22种字号。不同字号强势不同。一般来说，大号字要比小号字醒目而更具有强势；同一字号中，笔面粗的字体要比其他字体醒目而更具有强势。版面上表现稿件不同重要性的一个重要方法，就是运用标题字号、字体的不同强势。报纸上的字号越大，视觉冲击力越强，有时特别重要的稿件正文，也可以采用较大的字号。每种字号都可用计算机无级变倍的功能，衍生成多种形态的字体。目前我国报纸正文大多是用小五号字，特别重要的稿件可改用五号字甚至小四号字。

字符间距是指一组字符之间相互间隔的距离，又叫字间距。字符间距可以影响一行或者一个段落的文字密度。在传统的排版中，版面上的正文有密排（正常排）和疏排之分，在电子排版中，增加了紧排这种特殊的排法，三种排法会产生不同的效果。密排是正常的排法，是字与字之间无间隔挨着排列，字间距为零；疏排是字与字之间有均匀的间隔，疏排常用于儿童读物、小学课本等特殊排版；紧排则是让字与字之间的排列有一点重叠，可能造成字与字之间笔画的相连，一般很少使用紧排的排法，只有当正文剩下少量文字排不下出现"挤版"的情况，或者按正常排显得过于稀疏的外文字符需要做特殊处理时，才使用紧排。

版面上的字体，在使用上要坚持适用、协调、变化三个原则，编辑需要根据编排的实际情况选择合适的字体，注意字体之间的协调搭配，避免混用不相称的字体，同时，还要通过对字体进行改变字号、笔画加粗或形成对比等适当的变化，以避免版面的单调和呆板。

二、新闻版面的图像与图饰

图像是指报纸上通过摄影或绘画手段所显示的形象，其主要的形式有：照片、绘画、图表、刊头、版花、题饰、题花、尾花和插图等。图像是现代版面理念中最具强势的视觉刺激物，也是版面视觉中心最重要的元素，所以一个版面上的图片不宜太多，应该尽可能少、精、大。版面图像不仅起着美化版面的作用，同时也能促进版面风格的形成。

刊头：刊头是用以标明副刊、专刊刊名的美术装饰图案，是副刊、专刊的标志之一。刊头既要点明副刊、专栏的特点，又对内容起渲染、烘托的作用，要求简洁明快又意味隽永。

版花：版花指的是插在文章开头或末尾的装饰性小画。版花是美化版面的一种形式，它的图案要求和插入的文章主题要和谐一致，以起到点染、烘托的作用。版花多用于副刊，政治性强、严肃、庄重的版面上一般不用版花。有时把头花、尾花统称为版花。

题饰：题饰是对文章的标题或栏题的装饰，它能起到突出标题、美化版面的作用。

题花：题花是报刊上标题、栏题、口号所加的装饰性图样，也称题头、头花、报花等，一般在文章前端或与文章题图结合在一起，主要起着美化版面的作用，装饰图样须根据文章内容及版面的需要而定。

尾花：有时候在版面的边边角角会留下一些空隙，为了充实版面的空间可以使用尾花。尾花可以将版面的内容衬托得更加充实和引人入胜，而实际上尾花大都是出于版面美化的需要而设计的，多以花草或几何形图案为主。

插图：插图又称插画，是根据内容及版面装饰的需要进行设计的，好的插图既可以美化版面又可以帮助读者理解文章内容。报纸上的插图可以分为两类，一类是与内容结合紧密的，另一类则是仅起版面美化作用的。插图并不是所有的文章都需要的，也并非多多益善，应有"画龙点睛"之效。

三、新闻版面的线条与底纹

版面上的线条，大致可分为两类，即水线和花线。水线的形式一般是直线，水线又可以分为正线（细线）、反线（粗线）、正反线（一粗一细两行平行线）、双反线（两行粗线）、双正线、网线、曲线和点线等。水线在版面设计中使用很普遍，它可以合理地把版面组排好。

花线是有花纹图案的线条，花线也有多种，有的模仿水的波浪，有的模仿白云缭绕等。花线有时会与稿件内容相关，如农业丰收报道用麦穗形花线，工业报道用齿轮形花线等。花线以独有的美感效果，在报纸版面结构中起着很好的装饰作用，可以为版面增添色彩。

版面的线条具有强势作用、区分作用、结合作用、表情作用、美化作用，是版面编排设计中一个重要的手段。现在的报纸对线条的使用越来越简洁，只有《人民日报》等少数报纸还在用花线，绝大多数报纸都只用粗线、细线和网线三种线条。粗线的特点是大气、庄重、硬朗，平衡力和分割力强；细线的特点是精巧、秀美、简洁，精致感和秩序感强；网线能够起到强烈的分割、平衡、加重、提示作用，多用于版面的视觉中心或者最主要的稿件上。为了增加版面稿件的强势，还可以运用线条把稿件包围起来：第一种方式是围框，即把稿件四周全用线条围住，形成一个完全封闭的框；第二种方式是勾线，即沿着稿件的周边勾线，把稿件围起来，有的是围两面、三面，有的是围四面，但不完全关闭；第三种方式是平行直线，即在稿件的上下或左右两边，各置一条线。这三种方式的强势依次递减。

能起到区分、平衡、强势和美化作用的，还有网块和底纹。网块以各种形状出现在版面各个区域，也可以作为一个大文章或小栏目的特殊符号，应用在底色、图片、提要、链接、小标题、编者按以及相关资料等位置。而版面的底纹在版面设计中有时也会使用到，尤其是标题上，编辑会根据版面的情况相应增加底纹，甚至可以用来做报头底纹，如《南方都市报》《北京青年报》的报头都用了红色底纹。底纹可以提高版面可视效果，增强标题的视觉冲击强度，提高标题的艺术表现力。数百种底纹和可变的灰度，为版面设计和标题、刊图的制作提供了很好的条件。

四、新闻版面的色彩与空白

彩色印刷是现代报纸的重要标志之一。色彩是数字出版时代报纸版面编辑的重要编排手段，能够最直观、最有效地表现编辑的意图。不同色彩的刺激，具有不同的视觉效果，可以给予读者不同的心理感受。如人们一般认为，红色是一种热烈、兴奋、庄严的色彩，往往象征着喜庆、胜利；绿色是一种安静、清新、愉快的色彩，往往象征着新生、青春、希望、繁荣等；黄色是一种明朗、欢快的色彩，往往象征着光明、积极向上；蓝色是一种冷静的色彩，往往象征着高尚、尊严、和平；黑色是一种沉重的色彩，往往象征着严肃、坚毅、愤怒、悲痛等。

色彩是报纸传达版面感情的重要因素，报纸通过色彩的运用来传递对信息的情感意义，使受众在接收新闻信息之前，就产生相应的情感，引起共鸣。在版面上运用色彩有以下作用：首先，能够表达特定的感情，烘托气氛，传递情感信息。例如，报纸在报道重大灾难事件时，常用整版黑色表达沉重与沉痛；而报道节日或报道喜庆事情时，往往套印红色，以表达欢快的感情；在报道植树活动时，往往套印绿色，以表达人们对建设家园的希望等。其次，色彩具有造势功能，版面上色彩鲜艳的地方、彩色字体和小块区域内的彩色背景，往往是读者最先注视的地方，具有较大强势，能够突出中心主题，有效引导读者的视觉、视线流动。最后，色彩有助于塑造报纸的形象，如《北京青年报》2006年改版前采用了主色调、大色块、浓墨重彩的版面色彩风格，塑造了独特的形象，2006年改版后，版面转向了清秀雅致。总之，适当运用色彩，可以避免单一，美化版面，调节版面的节奏和韵律，形成美感。

严格地说，黑、灰、白也是色彩，而且黑色和白色是对比度最强的一组色彩。黑色，就是版面上印有字符、图像、线条的部分，即着墨的部分；白色，就是未着墨的空白部分。读者看报，主要是阅读着墨的部分，但未着墨的空白所起的作用也不容忽视。白纸黑字的版面，空白并非一无所有，而是一种不着色的色彩，因此，白色也是一种有力的编排手段，它在版面编排中也起着重要的作用。一是突出强势。着墨部分周围有较多空白，黑白对比鲜明，引人注目，稿件具有较大的强势，安排版面时，可以把加大空白作为加强稿件强势的手段。二是区分稿件与板块。稿件与稿件之间的空白，空间间隔的大小，在视觉上自然就成为稿件之间、版面板块之间的分界线。因此，空白可以帮助读者顺利阅读，与稿件之间的线条有异曲同工之效。三是美化功能。版面如果被文、图、线塞得很满，黑压压一片，拥挤得令人感到透不过气来，自然没有美感，黑白相间，疏密有致，则使人感到清爽、舒畅，产生一种审美的快感。因此，安排版面时，留下适当的空白是美化版面的需要，而不能视为浪费。

版面整体效果的视觉美，是编辑艺术地运用字符、线条、图像、颜色等编排手段来描述新闻，创作出带有"表情"的版面的结果。报纸是否可读、能否在报摊上吸引视线，很大程度上取决于版面的设计。通过版面的精心编排，读者可以感受到报纸对新闻事件的态度和感情，更能感受到报纸的特色和个性。版面要给人以美感，必须遵循层次分明、构图平衡、反差变化和比例协调的美学原则，而版面的布局和编排没有、也不应该有一个绝对固定的公式，只有不断创新版面的编排，报纸才得以常办、常新、常青。

第四章

新媒体新闻采编业务与创新

现如今，随着全球科技的发展，新媒体技术开始应用到社会的各个行业中。新闻采编作为新闻节目制作的灵魂，传统的采编方法已然无法适应采编工作的需要。而将新媒体技术应用于新闻采编业务，则可以较好地改善传统采编技术存在的弊端，提高新闻采编工作效果。本章以新媒体发展及传播特征为切入点，探讨新媒体新闻采访、移动互联网媒体编辑、新媒体策划与创新。

第一节　新媒体发展及传播特征

在媒体发展的历史中，每一次媒体技术的变革，都会带来所谓的新媒体，特别是在知识爆炸、技术更新迅速的今天，各类新媒体层出不穷，新媒体的外延更是不断地拓展。在信息时代，不仅是新的技术变革和物质形态的变化可以产生新媒体，而且新的软件开发、新的信息服务方式的推出，都可称之为一种新媒体的诞生。可以肯定，今天的新媒体在未来同样会被归为旧媒体的范畴。

一、新媒体的界定

（一）新媒体的概念界定

新媒体相对于传统媒体，是一个不断变化的概念，是网络基础的延伸。美国互联网实验室认为，新媒体是基于计算机技术、通信技术、数字广播等，通过互联网、无线通信网、数字广播电视网和卫星等渠道，以电脑、电视、手机等实现个性化、细分化和互动化，并实现精准投放，点对点的传播。

笔者认为，应动态地研究新媒体，新媒体是新兴媒体（emerging media），目前是"交互式数字化融合媒体"，向用户提供信息和娱乐等服务，信息技术是新媒体必要的技术保障，用户多元化、个性化的信息需求是新媒体产生的社会基础；新媒体变革着人们的生活方式，用户从以往的被动接受媒体到当下可自主媒体传播。社会化媒体用户不仅是新闻的消费者，也是新闻内容的生产者、推广者，用户新闻信息传播系统发生"传—受""受—传"的互动变迁，传统媒体必须动态把握用户。社会化媒体中的口碑量应作为传统媒体测评受众的补充。

本书所界定的新媒体是相对于书信、报刊、广播、电视等传统媒体而言的新媒体。新媒体是一个宽泛的概念，从技术界定上看，新媒体是指依托数字技术、互联网技术、移动通信技术等新技术，通过互联网、无线通信网、卫星等渠道向受众提供信息服务和娱乐服务的传播形态的新型媒体。根据这个定义，新媒体的种类非常繁杂，目前受到较多关注的新媒体不下几十种，包括网络电视（WebTV）、网上即时通信群组、虚拟社区、播客、搜索引擎、电子邮箱、门户网站、手机电视、手机报、微博、微信等。其中有的属于新的媒体形式，有的属于新的媒体硬件、新的媒体软件、新的信息服务方式。

（二）新媒体的概念要素

不管人们如何定义新媒体，有一点是确定的，那就是相对传统媒体，新媒体的形态是不断变化和延伸的，在现阶段其核心是数字式信息符号传播技术的实现。一般而言，新媒体的概念包含以下要素：

第一，新媒体建立在数字技术和网络技术的基础上。新媒体主要是以计算机信息处理技术为基础，以互联网、卫星网络、移动通信等作为运作平台的媒体形态，它包括使用有线与无线通道的传送方式，比如互联网、手机媒体、移动电视、电子报纸等。如果说传统媒体是工业社会的产物，那么新媒体就是信息社会的产物。

第二，新媒体在信息的呈现方式上是多媒体。新媒体的信息往往以声音、文字、图形、影像等复合形式呈现，具有很高的科技含量，可以进行跨媒体、跨时空的信息传播。

第三，新媒体在技术、运营、产品、服务等商业模式上具有创新性。新媒体不仅是技术平台，也是媒体机构。与传统媒体相比，变化的不仅仅是新媒体技术的运用，更有商业模式的创新。

二、新媒体的传播特征

从其层面上分析，新媒体同时创造了一个与众不同的传播工具以及构建了一个与人类生存状态相关的虚假空间。它与其他传统的传播方式不同之处主要有以下几点：

（一）新媒体传播的高度交互性

点对面、一对多是传统媒体进行传播应用的主要模式。在这样的传播模式中，传播者和接受者之间以及接受者二者彼此之间存在的相互交流与合作性不高，在新的媒体中，其传播模式是点对点与一对一，传播者和接受者、接受者二者之间存在的是广泛的、自由的互相交流与合作的关系。虚拟性和自由性以及不确定性是虚拟社区人与人之间交往所具有的特点。它与现实社会中所具有的一些特征不同，它的交流与互动不是以自我为中心的，而是与周围的人，包括其底层与边缘的人进行的。它在信息的形成过程中同样也体现出新媒体的交互性，那就是信息的形成不是单方面的，而是多方合作形成的。并且这些合作是存在于不认识的人之间的，不知道名字的以及不是面对面的，这使得在表现看法与情感的时候更加得自由与灵活。

新媒体在交互方面使得人和人之间的交流和合作比传统意义上的人和人进行面对面交流更为亲切。新媒体时代的传播方式是以互联网为技术支持进行传播的，是双向的，并且是通过媒体的使用来实现的。也可以通过手机、电脑，以及各种移动的媒体播放器来实现新型的人际传播。它比传统的传播方式进步之处在于：其已经发出去的信息能够实现永久性地保存以及可以进行信息查询，在双向性方面来看更强了，在信息的反馈上更为及时，互动性更高，它是一切参与者的交融与汇合，具有更强的针对性以及更高的信息密度。这是传统的传播方式所不具备的。

（二）新媒体传播的自主参与性

在传统媒体的传播模式上，"把关人"就是传播者，其处在一个控制性地位，受众基本没有选择的机会。后来，新媒体形成之后，一种全新的信息上的传播格局也出现了，其传播方式是从传播者到接受者，或者是说从信息的发出媒体到信息的消费对象，人人都有可能是媒体。把互联网平台作为进行个人展现的中心，把自己的网页作为一个节点，对于用户来说，其价值观与个性都不会那么容易就受到其他影响。把互联网平台作为自己的中心，每一个个体既是信息的传播者同时也是信息的接受者，这方面上的变化是极其大的。这也体现了互联网平台的意义所在，也就是要形成一个一切都包含于其中的网络世界，即"人"这样一个维度一定要出现在信息的形成、获得、组织和展现之中。在这样一个新的媒体中，不但每一个个体都是传播者与接受者，同时每一个个体都要有充分的话语权，可以自由表达自己的看法。今天，他们的地位不再是被动的了，他们是新媒体的使用者。他们在使用新媒体接收信息的形式是非被动的，与个人相关的。并且信息接收者的积极性与主动性得到了很大的加强。很多人通过新媒体的使用在互联网上积极参与到各类话题的分析与讨论当中，使得社会的舆论以一个新的形式出现。远程电脑的发展与应用最终的目的不是发展社会文化，而是促进个体的发展，使得他们更加具有主动性，远程电脑实现了对以前结构的替代，远程电脑所应用的是一个具有互动性的结构，这个结构也是以前的结构所不具备的。

（三）新媒体传播的共享全球化

时间与空间的差距因为当今信息技术的高速发展而消失了，所以自由思想可以通过网络世界自由地、毫无限制地散播到世界各地。在网络上，有数目巨大的没有性别、肤色、种族以及国籍之分的人在进行交流，这样一个交流工具使得大家交流十分简单，其带来的改变是非常大的。这是印刷机出现以后人类所出现的最大改变，互联网破坏了时间与空间，使得它们之间的距离变为零。这样一种新媒体它的接受者是来自世界各地的，具有全球性，在世界任何一个角落散布的任何一种观点，一旦上了互联网，就可能引起全世界人们的关注。

（四）新媒体传播的受众个性化

如果从其他的角度来看待报纸的话，它就是一个传播信息的途径。生活在一个数字化的大环境中，人们不用再去看那些别人认为是新闻的新闻，可以根据自己的兴趣爱好来进行新闻的选择。这体现了在新闻选择上的一个全新模式。以前由于大家都需要但没有用，没有登出来的文章现在都可以根据自己的需要来进行使用。以后的界面代理对世界上的每一种报纸，每一则新闻，都可以进行掌握，然后把其所掌握在手中的资料组合成一种适合不同人需要的报纸。这种报纸是独一无二的。信息的接受者可以通过各种工具的使用来获得其所需要的信息，还可以根据自己的情况对信息的接收时间、地点以及方式做一个设置，信息传播者还可以依据用户的实际需要为其提供个性化服务。信息的接收者不用再被动地接收已经编制好的一切信息，可以进行自由选择。博客、播客的出现是个性化的最好体现，这个特殊的时代中，传播的接收者往往是单一的，一切的商品都可以通过订购而获得，这时候的信息极具个人化的特性。很多人都觉得信息的个人化体现了窄播，其信息的接收者范围越来越小，最后变得只剩一个人。

（五）新媒体传播的内容多元化

新媒体的发展使得以前的媒体信息受到很多局限的状况改变了。信息之间的传播与交流更加自由与灵活，以往媒体所具有的地域上的局限性也不复存在了，信息的传播范围实现最大化，遍布世界的各个角落。无论何时何地以何种形式，都可以通过媒体这一工具的使用而使交流变得畅通无阻。这个时代的信息在时间与空间上是没有任何限制的，极具开放性，最大限度地实现了所有区域之中的信息覆盖。由于时空上的极大开放使得信息的存储量大幅度提高，可以囊括来自世界各个角落的各种各样的信息，这种信息交流方式与国界无关，非常丰富、便捷、快速。随着互联网使用的人越来越多，信息交流的种类与内容也越来越多，越来越复杂。高度开放性使得信息呈现价值观多元的现状，出现多元价值观共存现象。互联网的未来是健康的，关键性范式就是把汇集与融合进行结合，形成一个主宰性范式，那就是超适用性。超适用性就是把超媒体文献宇宙与互动性结合，以实现创造一个聪明颖悟、环球性以及具有较强适用性的信息空间的目的。在这样空间内，任何一个个体不仅可以娱乐还可以学习，不仅有话可说，并且有话都能够说。

第二节　新媒体新闻采访

一、新媒体采访概述

"新闻采访是指新闻工作者为了报道新闻而进行的对客观事实的调查研究活动。"[1]新媒体采访依然秉承这一原则，但是在传统的文字、图像和录音采访之外，还需要充分调

---

①何志武.新闻采访[M].武汉：武汉大学出版社，2006：6.

动新媒体技术手段（如搜索引擎、信息抓取软件、下载工具、数据统计等）介入采访。具体如利用网络资源、数据库、数字图书馆等寻找新闻线索，收集和核对数据，利用电子邮件、邮件列表、电子公告牌（BBS）、新闻组、网络视频聊天工具等进行全球性、即时性采访。由于信息采集与发布的环境不同，新媒体采访有诸多不同于传统采访之处。

（一）新媒体采访的特征

1.工具数字化特征

在新媒体技术出现之前，新闻记者的采访多是在同一时空中，新闻记者只要带上纸、笔就可以完成采访，这要求记者必须在采访的同时迅速记录所需信息。彼时如果进行远距离采访，因受技术限制，需花费极大的人力、物力和财力，且难以保证新闻的时效性。

随着网络媒体技术的发展与普及，采访工具也实现了数字化。新媒体采访所用的工具主要是全数字化的计算机网络以及与这一媒体相通的一系列数字化的采访和传输工具。这些数字化工具分为硬件和软件两部分。硬件包括：电脑（台式电脑、笔记本电脑）、数码相机、录音笔、摄像机、移动硬盘、调制解码器、具有浏览网页和收发电子邮件功能且可与电脑连接的手机、平板电脑等。软件包括：操作系统（如Windows系列）、文字图表处理软件（如Word/Excel）、图片处理软件（如Photoshop）、音频处理软件（如Sound Forge）、视频处理软件（如Adobe Premiere）、文件传输工具（如CuteFTP）、网页浏览器（如IE）、网络论坛BBS、即时通信工具（如ICQ、MSN）、网络会议系统（如Net Meeting）以及电子邮件、新闻组、邮件列表、联网数据库、搜索引擎等。这一系列功能强大完备的数字化工具，为新媒体时代的采访提供了全新视野。采访工具的数字化已成为媒体激烈竞争中取胜的一个重要因素。

2.内容多媒体化特征

报纸以文字、图片资源见长，但缺乏音视频等动态素材；广播有丰富的音频资源，但无文字、图片、视频等可见元素；电视集图文、音视频于一体，但在文字方面缺乏深度；而网络则是多媒体的融合，涵盖了三大传统媒介的内容，既包括静态的文字、图片，又包括动态的声音、视频。新媒体采访以多媒体新闻素材为对象，采访内容不仅包括文字和图片，还有声音和视频的采访、摄录，要求从业者除了具备传统的文字记者的素质，还要成为摄影记者和录音、录像记者，除了能熟练操作各种硬件，还应掌握网页制作、超文本编辑等基本操作技巧。新媒体记者不仅要利用各种数字化媒体在采访现场或网络中迅速捕捉到各种信息，还要利用新媒体技术将这些信息编辑成多媒体产品进行发布。

3.方法的交互性特征

传统新闻媒介一直被认为是单向交流的渠道，广播电视的一个最重要的特点就是信息的单向流动，传播者很少或几乎不能迅捷地了解接受者的各种反应。而网络最大的特点是其交互性。

在网络传播中，交互性体现受众能借助各种平台与传播者和其他受众进行一定范围内的双向交流。从传播模式来看它是这样一个过程：传者发出讯息并通过受者的反馈来确认传播的效果，受者不但接受讯息也会根据自己的理解做出相应的反馈。这一特点同样能从网络记者和网络采访方式中体现出来。从时间的角度看，新媒体采访的交互类型可以分为同步交互和异步交互。同步交互是一种实时性的交互，即网络记者可以利用视频聊天工具、网络电话、语音信箱、网上会面或其他媒介与被采访者进行交流，从而保证素材的完整性和准确性。采访过后还可以通过音视频文件或聊天记录进行确认。如采访有遗漏或有不明确的问题，网络记者可以通过移动电话、ICQ或电子邮件等方式加以追问。新媒体采访的同步交互性不受真实时空界限的阻隔，即使远隔万里，只要双方有联网的电脑、有可以视频聊天的媒介就可以完成采访，这是传统媒体采访所无法企及的。异步交互是指被采访对象在接收到网络记者发出的信件后相隔一段时间再进行反馈，如BBS、电子邮件、网上民意调查等。

4.范围的全球性特征

全球化时代的到来促使新闻记者的采访不能局限于物理空间限制。这不仅是时代发展的需要，也是市场经济中媒体提高自身竞争力的要求。网络的全球性满足了记者全球化采访的需求。全球各地每时每刻都有重要事情发生，记者不可能时时事事都到达现场采访。对于一些不能、不宜或因空间阻隔无法进行现场采访或调研的新闻事件，记者可以通过网络进行全球性的实时采访。

5.资源的丰富性特征

随着技术的进步，各种资料不再仅以纸质形式保存于某一固定场所，而是传输到网络上共享。网络、数据库、数字图书馆等都是新闻工作者可以挖掘利用的信息资源库。网络上不仅有专业性强的学术著作，也有网友对某些新闻事件的个人意见。掌握利用各种数据库检索文献的功能，就等于是拥有了一个流动的、与时俱进的、庞大的图书馆。网络浩瀚的文献资料都可以为记者所用。通过对专业性资料的搜索、阅读，网络记者可以及时了解所要采访对象的研究领域、基本学科知识，有助于更好地搜集素材。

（二）新媒体采访的要求

1.熟练运用数字化工具

传统媒体采访中，文字记者、摄影记者和录音、录像记者分工明确，文字记者无需掌握摄影、录音等技术，并且采编分离，即记者主外，一般按照编辑部的意图外出，编辑主内，负责审查记者的新闻稿件，做好把关人工作。新媒体则对记者提出了更高的要求。新媒体的特点之一就是上网者可以通过互联网，在第一时间了解通过传统媒体无法或难以呈现的新闻。网络新闻传播以高新科技为物理基础，新媒体采访工具的数字化、内容的多媒体性等特征要求网络记者必须是复合型的记者，集文字记者、摄影记者和录音、录像记者于一身，只要有一套笔记本电脑和数字式摄像机、数码相机，就可以只身闯天涯。具体而言，网络记者应具备计算机和网络基础知识以及摄影、录音、录像等方面的相关知识。若没有一定的科技水平，想要在网络传播上有所成就是很难的，传统的单一型记者如不及时转变观念，将会在数字化的趋势中陷入困境。

2.调整知识结构

在当今知识经济的大背景下，在全球范围内搜寻新闻素材的网络记者首先需要具备极高的敏感度。其次网络新闻受众具有较高的文化素质及专业水平，他们在网上的阅读往往带有某种专业需要。面对这样的受众，新闻从业人员必须具备更高的文化修养，更丰富的知识积累，及时更新知识结构，能跟踪、了解某个或几个学科的前沿动态，更多地关注时代文化和思想前沿，才能做出更好的、更有价值的新闻。此外，网上信息资源分散无序，鱼龙混杂，记者在面对网络上的海量信息时，不仅要能去粗取精、去伪存真，而且还应根据基本常识引导受众获取正面信息，识别错误言论，树立正确的舆论导向。这就要求记者具备很高的新闻理论素养以及正确的价值观，能在信息的海洋中捕捉到重大新闻题材和热点新闻题材，并根据网络新闻的特点、受众的心理拟定采访计划，完成采访内容。

3.职业素质和职业道德

记者作为沟通大众与世界的中介，担负着比一般人更重要的责任。新媒体从业者虽然在采访的手段与方法上有全新的突破，但是在职业道德要求上与传统媒体一脉相承，在职业素养上则因为环境的改变而有更高的要求。

（1）职业素质。

政治素质：网络媒体从业者在政治上的要求，与传统媒体别无二致。具体而言，网络记者在选取新闻素材、采访、撰写稿件（包括文字、图片、音频、视频）的过程中，同样需要具备高度的政治鉴别力和敏锐的政治观察力，须时刻保持清醒的头脑，要以对时代负责的态度和关注政治的热情，努力避免政治性的差错给个人和所从业的媒体造成危害。

理论素质：信息化时代的新媒体在新闻事实的了解上不相上下，新闻报道的竞争不是弱化而是强化。谁能选取一个更新颖、更深刻的角度进行报道，谁就有可能获得先机。而这不仅依赖于从业者的采访实践经验，同时也依赖于理论的指导。网络媒体以及知识全球化的趋势要求一个优秀的网络媒体从业者具备较高的职业素养和理论修养，具备新闻理论知识，以及包括文、史、哲、经、法和社会生活等在内的基础知识，以拓宽视野，增强嗅觉的灵敏度，从而挖掘出有价值、有亮点的新闻。

（2）职业道德。

职业道德是同人们的职业活动紧密联系的符合职业特点要求的道德准则、道德情操与道德品质的总和，它既是对本职人员在职业活动中行为的要求，又是职业对社会所负的道德责任与义务。新媒体时代，只不过是采访报道的效率与手段发生了变化，但真实、客观、准确、公正的报道原则并没有发生任何改变。相反，因为新媒体传播的特性，在追求时效与关注的同时，媒体自律以及新闻伦理更需要加以重视。真实是新闻的生命，这在新媒体中尤其重要。网络的虚拟性、匿名性使得虚假信息泛滥。因此，新媒体从业者应恪守新闻职业道德，树立媒体公信力，维持新闻灵魂的纯洁。

二、新媒体采访过程

（一）隐性采访的过程

隐性采访指记者不公开身份、不暴露采访目的，在采访对象毫不知情的情况下，以获取公开采访不易得到的新闻材料。一般而言，隐性采访适用于揭露某些违法乱纪、不法行为或为新闻的真实性对某些人物、部门的采访。不论是参与到事件中的介入式隐性采访还是冷眼观察的旁观式隐性采访，具体过程中记者都是通过对话、暗访的方式进行。在新媒体的介入下，又增加了偷拍、偷摄、窃听等。

隐性采访必须遵循公共利益原则、道德原则、安全原则、适度原则，具体操作过程中有一些禁区如涉及商业秘密、公民通信秘密、公民个人隐私领域等，记者须予以注意。

（二）显性采访的过程

显性采访指记者在采访中向采访对象公开自己的身份、表明采访目的的采访方法。这种采访的特点是行为的公开性、记者对采访对象的依赖性以及采访对象对记者的制约性。显性采访有书面采访、问卷采访、座谈采访、新闻发布会采访、直面采访、电话采访几种类型。在新媒体的作用下，又新增了网上采访。网上采访的方式也是多种多样的，此处仅列举几种实用性较强的以供参考。

1.网络问卷调查

这是一种全新的调查研究方式。调查者把问卷发到相关的论坛，有兴趣者自愿填写相关内容，调查者可以在最短的时间内得到反馈。我们经常在一些新闻网站上看到网民关于社会热点问题的问卷调查，网民只需选择"是"或"否"后提交一份调查报告就完成了。

2.电子邮件采访

由于新媒体采访范围的全球性，记者在有限的时间和精力范围内很难做到事事到场，并且有时面对面采访存在一定的困难，如受访者不愿露面、面谈时间有限、有些问题的回答需要思考等，而采用电子邮件采访就可以有效地解决这一问题。电子邮件有效地突破了时空的限制，时效性也能够得到保证。

3.QQ采访

由于采访范围的全球性以及实地采访的某些困难，记者不得不运用QQ进行采访。这种采访形式没有面对面交流的尴尬，过程很流畅，采用一问一答的方式，而且它比电子邮件快捷，问答同步。有时为保证新闻的真实性，还可以进行视频采访，这样在网络的虚拟空间里也实现了面对面采访，而且还避免了采访对象面对记者时的拘谨。这种方式被越来越多的网站、记者所采用。编辑把网站的邮箱或QQ号码公开，网友可以通过在线聊天的方式与记者交流想法或提供信息。

4.电话采访

现代社会电话几乎覆盖了世界的每个角落，在网络受限或时间紧迫的情况下，记者可以通过电话采访报道新闻。这种采访给人留下的印象是新颖、活泼、生动真实。如中央电视台《新闻联播》中常常使用与前方记者"连线"的方式报道无法进行现场直播的突发事件。

三、新媒体采访技巧

第一，及时快捷又有条不紊。在新媒体的辅助下，新闻的播出报道速度用"迅雷不及掩耳之势"来形容丝毫不为过，从事件发生到报道播出相隔时间极为短暂。记者不仅要第一时间到达现场，还要迅速进入状态。采访现场情况多变、事件复杂，记者往往来不及了解或无法了解事件的全貌，就要将获取的信息第一时间发回，不断滚动播报事件进程。因此，记者在采访中应随机应变，恰当处理好现场的各种矛盾，保证采访顺利进行。与此同时还要仔细探究事件背后的本质，整理编辑好新闻稿件，以最快的速度将稿件发回才算成功地完成了新闻采访。

第二，合理运用多媒体手段。采访中拥有多媒体数量的多少不是重点，重点是能物尽其用，有效地运用多媒体往往会达到意想不到的效果。现场采访时，记者在用眼睛观察的同时要能将观察到的新闻点用数码相机、摄影机、电脑及时记录下来。另外，当采访陷入僵局时，记者可以适当运用多媒体手段调节气氛。

第三，充分利用网络开放资源。在进行网络采访时，记者要尽量最大化地利用网络资源，采访前对背景充分了解，采访后利用网络的记忆功能整理编辑资料，争取做出全面、深刻的报道。随着网络的发展和网络新闻资源的不断丰富，网络采访将在全世界的新闻界逐步盛行。开放的互联网为新闻工作者提供了可资发掘利用的巨大信息资源库。运用强大的搜索引擎等功能，新闻从业人员可以方便地检索到某一题材的背景资料，快速获得所需要的新闻资源。

第三节　移动互联网媒体编辑

一、手机报

（一）手机报的基本模式

手机报（Mobile Newspaper）是依托手机媒介，由传媒、移动通信商和网络运营商联手搭建的信息传播平台。具体来说，手机报是将传统媒体的新闻内容通过无线技术平台发送到彩信手机上，从而在手机上开发发送短信新闻、彩图、动漫和WAP（上网浏览）等功能。

上述新浪首创的手机短信播报新闻，只是手机报的一种初级形态，手机报的真正兴起还是在彩信手机用户有了数量级增长的2005年以后。手机报产品形式以彩信为主，同时在WAP门户手机报首页设立手机报站点，以WAP方式做辅助浏览。对于手机报产品的订购客户，系统定期下发彩信，同时在手机报WAP网页发布各具体报刊的现刊和过刊，客户可以免费浏览手机报WAP站点。手机网络浏览，本应是手机报的发展方向。道理很简单，既然网上什么都有，在解决了手机上网问题之后，订阅彩信手机报的理由就不那么充分了。但在相当长一段时间内，在技术与成本层面解决手机网络浏览问题之前，彩信手机报仍将是主导模式。

（二）手机报营收模式

从目前手机报的实践看，手机报主要通过三种手段实现赢利。一是对彩信订制用户收取包月订阅费；二是对WAP网站浏览用户采取按时间或流量计费；三是借鉴传统媒体的赢利方式，通过植入广告获取收入。

（三）手机报分类

按照用户的覆盖范围，手机报分为全国手机报和地方手机报。全国手机报特指全网发行的手机报产品，即全国性报刊利用电信、网络公司打造的全网性手机报，全国移动客户都可以订购。如中国第一家手机报《中国妇女报·彩信版》，以及《中国青年报·手机报》和新华通讯社旗下各报刊手机报。地方类手机报指地方报刊与当地电信运营商合作打造的手机报，只限分公司覆盖范围的用户订购。如由浙江报业集团、浙江移动通信有限公司和浙江在线联手打造的中国第一份省级手机报——浙江手机报，以及《华西都市报》创办的华西手机报等。

按照内容主题又可分为新闻、体育、娱乐、文化、生活、财经、教育、游戏、科技等不同的版本。

（四）手机报的优势与缺陷

第一，覆盖面广。随着手机的更新换代，彩信手机进一步普及，用户增长迅速与传统媒体的多选择性所造成的低接收率和不可预计性相比，手机报具有覆盖范围广、覆盖频率高的优势。

第二，阅读方便。手机的随身携带为手机报的阅读提供了极大的便捷性，省去了报纸的印发环节，而且和电视、电脑相比，它不受地点限制，也为用户节省了接触媒介的时间。收到手机报以后，用户即使当时无暇查看，待有空闲后也可以浏览，比一闪而过的广播电视、购买与携带不便的报纸等更便捷。同时用户还可以对图文进行保存和转发，在传播上具有长尾效应。

第三，精确锁定，到达率高。由于手机与用户高度绑定的特点，手机报可以精确锁定受众，定时定额定向发送。

第四，互动性强，分众传播。手机报用户可以通过短信等方式实现与手机报编辑的有效互动，通过反馈，每位用户可以实现新闻订制，理论上手机报编辑可以根据用户的需要调整发送内容，体现传播的人性化和个性化分众传播的特点。

第五，相对纸报更丰富的呈现效果。除基本的文字信息以外，手机报还可以配上图片、声音、动画等多媒体内容。

（五）手机报内容编辑基本规范

1.彩信手机报编辑

彩信手机报实际上是一个多媒体数据包，包含图片、文字、声音、动画等，按照相应的标准,通过专门的制作发布系统进行编辑加工,做成一帧帧的彩信之后打成数据包,然后下发到用户手机。相对于网站新闻发布系统,手机报发布平台是比较简单的一个后台,功能简单明了,操作也不复杂,主要是考虑图片尺寸、文字长短、标题制作排序以及音视频格式等。其他如内容审核方面的规范,与普通新闻发布的要求并无二致。

手机报的稿件,除了选择突发事件及重大政经新闻,一般建议多选取与用户日常生活密切相关的内容,增加信息的服务性。从长远看,手机报应结合自身媒介特点和受众定位,从稿件结构、表达方式、语言风格等方面探索出适合自身特点的个性化内容报道。

本来彩信业务是没有容量大小限制的,但是由于牵涉到传送成本,运营商对传送流量是有要求的。另外,由于手机端硬件的限制,彩信容量过大也有可能会影响用户接收。比如某些品牌和系列的手机只能接收10帧彩信,超出10帧的彩信就有可能出现接收不全的问题。为了保证彩信发送的成功率和完整性,目前的彩信手机报对发送和接收的彩信大小通常都做了一定的限制,常见手机报一般每期大小在35K上下,可容纳15 000个汉字及4~6张图片。

手机报没有独立的采访资源,主要是从其他媒体已发布内容中选取材料,按照手机报特点进行删节和编辑。其主要编辑规范和要求如下:

(1)报头。与传统报纸一样,手机报也必须有自己的报头,包括手机报名称、LOGO、发布时间等要素,因手机报各自的具体要求而有所差别,依流程标准操作即可。

(2)标题。报头以下便是手机报的主体部分新闻标题列表。因为手机屏幕尺寸限制了手机报标题字数,超出限制将出现折行的情况,影响美观,因此如果采用超出限定自动以省略号代替的方式,则需要考虑标题显示部分的完整性,否则将影响阅读。关于标题字数,各手机报标准不一,但一般要求控制在12~14字之间。因此,手机报标题制作要更加精练,要在不影响原意的前提下,尽可能提取新闻要素,将标题做得简明扼要,富于吸引力和感染力。

另外,在标题列表部分,目前彩信手机报通行的结构是在每条标题旁边配一张缩略图,标题下配两行以内的摘要,摘要里包括新闻发布时间及该条新闻要点。

除此以外,新闻摘要本来应从新闻内容中进行精要的提炼,以对标题进行适当的补充与完善。但是从实践中发现,有不少手机报在编辑环节考虑不周,经常将其交由程序从正文的最前面自动提取,一般就是导语中的前一两句话。这样设计尽管未尝不可,但是在正文的编辑环节,应该充分考虑这种技术设计的特点,有意识地将正文最前面的内容编辑适合摘要的提取。如果这两个环节一起缺失,那么提取出来的摘要就常常变得莫名其妙,意思散乱,目的不明,完全失去了摘要的意义。这是对宝贵的手机屏幕空间的浪费。

(3)图片。彩信手机报毕竟要考虑传送通道的限制,目前常见的手机报容量在35K左右,因此一般要求单幅图片大小不超过5.5K(JPG格式)。

（4）正文。手机屏幕一屏显示的文字在100～150字之间，因此手机报的稿件不能太长。从体裁上尽量选取动态消息，并且建议在不损害原文意思的情况下，尽可能进行缩写，将全文控制在一屏至两屏之间。

2.手机Wap网站编辑

手机Wap网站，是利用Wap标准制作的网站，针对手机访问互联网而专门设计的产品。为方便编辑操作，现在通常采用在网站新闻发布系统中嵌入手机Wap频道的方式进行日常维护和内容编发。编辑可以通过网站后台查询产品的用户数据统计信息，并在后台进行内容添加、删除、修改等日常维护。其操作和现在的新闻发布系统后台基本一致，只是功能更加简明。

从流程上看，手机Wap网站一般采用从新闻发布系统内其他频道已发布内容中选取稿件并直接复制到Wap频道的方式，编辑需要做的只是对标题进行修改，并根据信息的重要性和时效性，对标题进行排序。理论上，因为手机Wap网站数据是存储于互联网服务器上的，图文音视频等多媒体内容以及容量大小是不受限制的。但是考虑手机访问网络的现实环境，其内容制作标准与彩信手机报基本保持了一致。因为是针对手机访问而设计的，手机Wap网站的浏览界面与彩信手机报的界面非常相似，宽度差不多，只是拉得更长，远远超过了彩信手机报的高度。手机Wap网站的内容管理要求与网站新闻管理一致，此处不再详述。

从实际运行现状观察，由于手机访问互联网的诸多环节存在问题，手机Wap网站的访问流量很不理想，不少网站做起来有强烈的鸡肋感，在内容与形式上都极为呆板，明显缺少创新动力，有些手机Wap网站甚至半途而废，干脆停止了维护更新。这不能不说是手机Wap网站所陷入的一种尴尬境地。

二、平板电脑平台上的媒体应用

平板电脑已经成为新媒体的一种全新应用平台。随着手持阅读器如手机、电子书阅读器、PSP或NDSL等游戏机、iPad等平板电脑的风行，电子书，特别是带有即时新闻更新的电子传媒将大行其道，通过iPad或者其他智能手机阅读书籍和报纸的人群也将会不断增加。

传统媒体必须有所动作，跟上电子化的潮流。目前，传统媒体只是做电子版放在iPad上让读者付费下载，这一方式是否有生命力，尚有待观察。另外，如下载的文件过大，许多内容可以在网络上免费找到，再让读者付费是否可行等，这些问题都需要考虑。但是这些担心和忧虑丝毫不影响各大媒体对这个平台的强烈关注。目前苹果应用软件商店中，《南方人物周刊》《看天下》《中国国家地理》《时尚》《IT时代周刊》等一系列报刊纷纷抢滩登陆，为用户提供试读或者全文收费的阅读服务。

针对平板电脑平台设计的媒体产品有专门的内容发布系统，除了传送协议上的技术差异外，从编辑操作界面上看，与网站新闻发布系统以及手机报发布系统类似，在技术人员对产品技术外观设定以后，编辑进行内容的更新和维护。在实际运行中，多采用从报纸电子版上自动抓取新闻的方式完成内容入库，编辑的主要职责是负责新闻的选取，并按照产品要求进行标题修改及分栏目排序、推荐。当然，这只是一种模板化的制作，如果想达到更好的呈现效果，比如嵌入更多动态界面，则需要进行专门的开发设计，类似于网络的手工专题。

第四节　新媒体策划与创新探究

一、网络媒体常规策划

所谓网络媒体，是指基于因特网进行信息传播、提供商务或教育服务、展示公司或个人形象的网络站点，也就是通常所说的网站。它不应仅局限于传统大众传媒理念的网络化产物（如网络新闻媒体）或传统媒体开设的以提供新闻信息为主的网站，还应包括其他以传播信息及信息增值服务为主的门户网站（ICP）。传播学研究和着眼的领域是呈现于因特网上的网络站点，是由众多网页构成的逻辑统一体，也就是通常所说的网站。

网站策划是一个综合性极强的工作，涉及商业策划、平面设计、人机界面、程序语言和数据库等，总体上分为策划、前台和后台三部分。一般是由三种不同专业的人合作完成。策划是指网站（频道、栏目、专题）的整体定位、功能规划、应用分析、流程设计和内容架构组织（拓扑图）。前台是指网站页面的设计制作，包括版式规划、色彩应用、版面设计、切片输出、页面整合、动画和多媒体设计、交互环节设计和页面代码编写等。后台是指程序设计、数据操作、功能实现、管理界面和管理功能设计等。在专业化分工程度越来越高的情况下，作为网络编辑，主要承担的是策划职责，即对所要呈现的内容进行架构、功能以及效果的策划设计，制订出相应的文案，交由美编和程序员来实现。

一个网站的首页、频道、栏目以及各种专题不是简单的内容堆砌，而是需要编辑结合自身的学识和经验，站在用户立场进行严格详细的规划设计，才能够体现出专业的水准并达到预期的目的。

（一）首页

首页是网站的脸面，代表着网站的形象，也决定着浏览者对一个网站的观感和评价。

因此专业网站均设置首页编辑负责维护。首页编辑需要了解以下内容：

1.首页内容布局模式

（1）导引式：如果网站各频道与栏目的内容充实而富有特点，那么网站首页更倾向于导引式布局。首页只选取适当的信息进行直接推荐，其他则要围绕频道导引编排。通常会采用标题跳转频道首页的方式，将流量引至二级页面，以达到强化频道的目的。一般而言，这种方式适合于比较成熟且有一定流量支撑，但是首页与二级页面流量负荷不均的网站。导引式首页的好处是有利于频道的推荐；坏处是因为不能直接到达阅读页，用户的浏览体验会打折。特别是当频道首页的更新与网站首页推荐脱节的时候，会导致转链层次太多，出现让用户找不到阅读页的情况，这是最忌讳的事情。

（2）集纳式：对于大多数新建的网站来说，因为频道和栏目内容单薄，或者缺少足够的特色，无法吸引和留住来访者，因此习惯于采用集纳式首页，即将内容尽可能多地摆放到首页，进行标题直接到三级页的推荐。这样做的好处是让来访者可以一键到达阅读页，一览无余地进行浏览；坏处是首页负载太多的流量，长此以往，不利于频道的建设，弱化频道的经营。

2.首页标题格式

（1）头条处理。

不同的网站首页新闻标题的风格是不一样的，大体上分为有头条区和无头条区两种。以新华网和人民网为代表的官方新闻网站普遍采用有头条区的设置，即用显著区别于其他标题的方式来设置头条区（通常是一幅Jpg格式的图片）。这种头条区效果非常强烈，异常醒目，有些甚至达到夸张的地步。细究起来，主要是考虑政治宣传的需要，有传统报纸版面设计方式留下来的明显痕迹。这种方式有好有坏，好处是在重大事件或者主题宣传的时候能够造成足够的气势。坏处一是需要把标题做成图片以后再上传，二是在新闻比较平淡的时候，选择什么来做头条是个让首页编辑伤脑筋的事情。

以新浪、搜狐为代表的商业网站几乎全部采用无头条区设置，所有标题均采用统一字号，只是按照新闻的重要性和时效性有排序或者套色上的区别而已。这种形式，优点是不需要对头条做转图处理，只需要处理文字，在新闻比较平淡的时候，第一条新闻与其他新闻之间也不会显得过于突兀。缺点是重大事件发生的时候，表现力不够强，渲染不出足够醒目的视觉效果。

（2）标题字数。

在很长一段时间内，为了强调整齐划一的页面效果，网站对首页标题字数有统一的要求，一般限制在40个字符（20个汉字），不能多也不能少。因为经常出现为凑字数而"因形害义"的情况，既加重了编辑的负担，同时过度的齐整也会使页面显得僵化呆板，没有"透气"的空间。现在首页标题字数的自由度已经放得比较开了，多数网站首页更倾向于在不超过最高字数限制的前提下，保留一定程度的"参差美"。另外，有的采用单行标题，有的采用"标题+提要"，这些不是标准要求，可自行选用。

3.首页内容的维护要求

（1）更新时段。

虽然理论上首页新闻更新是24小时进行的，但是根据访问者的浏览习惯和传统媒体的印刷出版周期，网站的新闻更新还是有规律可循的。一般上午7点到9点是首页内容更新的第一个高峰时段，当日主要的内容基本在第一个浏览高峰前更新完，内容选取范围主要是当日各报纸见报内容，以政经新闻和社会新闻为主。之后是根据各大网站的更新情况、本站原创即时稿件发稿情况以及用户点击情况，进行局部动态调整和更新。在晚6点至9点，则会增加相对柔性一点的报道，如文体娱乐等方面的内容。

（2）板块划分。

首页板块从形式上分，主要是图片与文字，通常是由新闻标题和视点图片构成。标题要准确、简洁、有吸引力，视点图片则要强调冲击力。从功能上分，则有新闻与互动两大块，通观各大网站，除新闻内容之外，都为论坛、博客（微博）等提供了足够的展示空间。除此之外，就是按照内容分类进行划分，如时政、经济、社会、体育、娱乐、房产、汽车等。这些区域主要是各频道的内容推荐区，一般由各频道编辑负责推荐，但首页编辑需要监控，及时提出修改调整意见。

（二）频道与栏目

1.策划

频道是网站内容的主干，代表着网站内容的深度。频道首页当然不如网站首页那么庞杂，但是仍然需要仔细考虑内容的合理安排，做到主题明确，层次清晰。频道内部一般分为要闻区和栏目区。要尽可能删除与主题无关的栏目，将频道内最有价值的内容列在栏目上，同时从访问者角度来编排栏目以方便其浏览和查询。

栏目作为频道下的子项目，其页面本身通常是由程序生成的一个按发布时间排列的标题列表，没有干预的余地。需要规划的只是在频道首页呈现，类似于频道在网站首页的推荐。

2.维护

频道的维护一般由频道责任编辑（主编）负责，内容更新可以比首页的进度稍慢，些，但是大体节奏应与首页同步，以利于网站首页作引导式推荐。

（三）三级页面

所谓三级页面，也就是浏览者最终到达的阅读页，是访问者获取最终信息的位置。三级页面除了信息正文以外，必须配置相关信息链接、网站精选内容推荐等，通过丰富的内链，建立起网页之间的链状网络结构。另外，正文的标题制作、关键词设置、调查设置、论坛互动和跟评留言等，也应制订相应的标准和规范，使页面功能尽可能保持完整。

（四）网络推广

虽然网站的网络推广主要靠专职人员或团队来开展，但是作为网络编辑，仍然需要了解网络推广的一些基本规则，并实际参与一些具体的推广活动，以利于提升内容编辑工作的成效。网站的推广有以下几种方式：

1.搜索引擎注册与搜索目录登录

注册著名的搜索引擎站点是在技术上推广网站的重要一环。注册搜索引擎有一定的技巧，像AltaVista、搜索客这样的搜索引擎，会自动收录提交的网址。而另外一些则需要在自己的网页中镶嵌一段代码。在提交页面的时候不要提交分栏框架（Frame）页面，因为大部分搜索引擎不识别Frame，所以一定要提交有内容的主页面。Yahoo、搜狐等搜索目录网站采用手工方式收录网址，以保证收录网站的质量，在分类查询时获得的信息相关性比搜索引擎站点（靠软件自动搜索的）更强。由于搜索目录网站收录网站的人为因素相对较多，因此在提交网站时要注意遵守规则。如Yahoo要求注册站点描述不超过25个单词；要将网址提交到最合适的目录下面；要恰如其分地介绍网站，不要有虚假和夸张的成分。

2.交换友情链接

交换友情链接是推广网站的一个重要途径。很多站点在相互进行广告链接交换时都有条件：要求访问量相当；坚持首页交换。通常把链接置于首页，广告交换的效果是最好的。

3.即时通信群组推荐

通过网络即时通信平台加入不同的网络媒体群，通过建立友好而广泛的人际联系，随时进行信息推荐。

4.根据搜索引擎热词排行榜调整新闻推荐和标题制作

各大搜索引擎都开放了网络热词排行榜，用于统计网络即时关注度的变化情况，在新闻选取时，可以此为参照，对新闻推荐和标题制作进行适时的调整和修改。

二、网络媒体创新策划

（一）表现形式创新

好的内容也需要有好的创意形式来表现。一般来说，网站内部是一个错综复杂的结构，牵一发而动全身。因此当网站主题与风格确定以后，首页、频道和栏目以及三级页面的内容架构和页面风格已基本保持稳定，在一定的周期以内很少会做大的调整。虽然在极端的情况下，网站页面结构可能会做出重大的临时调整（如在美国宣布进攻伊拉克时，新浪整个首页都被相关专题覆盖），是在网站的常规策划上，对页面布局进行创新的频率还是比较低的。

专题策划则不受此限制。因为专题结构相对独立，不对网站的整体架构产生影响，拥有较大的自由度和创新空间，因此专题策划往往成为网络媒体进行创新策划的一个主要载体。从实践中观察，专题创新主要体现在技术创新上，即充分调用图文、音视频、动漫等手段，以不同寻常的方式对专题内容进行多媒体化的包装设计。

（二）内容创新

如前所述，虽然专题的多媒体包装有助于内容的表现，但是有两个问题不得不面对。一是多媒体设计虽然很炫，但是通常会占用较多的网络资源。受带宽的限制，多媒体专题常常会受到下载速度的限制，无法流畅播放，影响用户浏览。二是再华丽的形式，也需要有意思的内容为核心，毕竟从根本上说，网站内容仍然左右着网站流量，内容为王依然是网站成功的关键。所以，就算是新媒体，内容的创新仍然是核心工作。

所谓内容创新，也就是面对同样的新闻事件，要寻找到不一样的报道内容。在新媒体时代，单从事件基本要素上挖掘独家报道已经是日益困难的事情，因此创新视角成为内容创新的一个重要方法。

三、新媒体创新

（一）平台创新

社会化媒体已经从根本上改变了读者和新闻之间的关系，新闻再也不是受众被动接受的东西，而是由身处其中的媒体与受众共同分享、反馈、收集、交流。新媒体创新需要在更多的平台上展开，互联网、移动终端（手机报、Wap网站、iPad、电子书、户外显示屏、微博营销平台等），都将成为创新的战场。在这种格局下，媒体眼中的成品往往是读者眼中的原材料。读者不仅仅分享内容，还会根据自己的理解对内容进行再加工。因此，在创新者眼中，不仅仅是如何"做媒体"，而是如何"创造媒体"。

以当下风头最劲的微博应用为例，随着微博的日益火爆，也带来了业界对"微博运营专员"的需求。"微人才"已经成为很多企业的"座上客"，并且薪酬可观。一个不能及时回应的官方微博，肯定不是一个好微博。虽然不少传统媒体纷纷开设官方微博，但依然有不少媒体没有对此引起足够的重视，对于如何运用微博，存在许多认识和管理上的误区。或者是由记者、编辑兼职管理，或者是由实习生承担此项工作。官方微博账号的维护与传统媒体的作息时间一样，也是8小时工作制，只在上班时间段维护。微博时代是一个快速的无间隙地传播时代，许多官方微博维护人员得到的授权不够，许多问题都需要请示上级才能做出回应，而上级领导时常很忙，于是媒体官方微博常常沦为编辑个人的平台。这与微博这种全新平台的运行规律完全不相适应。

因此，在新平台上的创新，一定不能照搬原有媒体的一套观念和运作模式，而必须针对新平台的特点和规律，进行专门的设计和安排。

（二）组织架构与流程创新

传统媒体在新平台的创新之所以成功寥寥，其中一个原因就是传统媒体的组织架构并不符合创新的需求。只有从整体上进行资源的重组和流程的再造，才有可能适应新媒体发展的要求，创造出全新的产品。因此，以全媒体为模式的媒体组织架构创新成为一种潮流。

1.全媒体的基本概念

全媒体虽然在理论层面还没有确切的定义，但在现实中已经成为媒体创新的一种实践。所谓全媒体，是指媒介信息传播采用文字、声音、影像、动画、网页等多种媒体表现手段（多媒体），利用广播、电视、音像、电影、出版、报纸、杂志、网站等不同媒介形态（业务融合），通过融合广电网络、电信网络以及互联网络进行传播（三网融合），最终实现用户以电视、电脑、手机等多种终端均可完成信息的融合接收（三屏合一），实现任何人、任何时间、任何地点、以任何终端获得任何想要的信息。

简言之，全媒体生产的新闻产品是一个复合体，其生产制作过程是调集各种媒体手段予以实施和推进的过程，各媒介自始至终紧密联系，相互影响，互为支撑。采编流程的高度融合，意味着除了各自技术呈现的特点（报纸组版印刷、网站网页发布、移动终端产品推送）不可替代之外，每一块内容的生产团队都需要突破各自既有的视野，参与到新闻产品制作的整体推进中来。

网络传播的先进性决定了报网的融合应以网络（移动网络）的运行规律为主导，跟随网络传播的进程安排内容制作。新闻发布之后，其生产流程并没有结束，从某个角度上讲甚至可以说刚刚开始，许多信息在网络新闻的传播过程中继续发酵，信息不断叠加，不断丰富，对舆论的走向产生影响，在传播的展开过程中为内容的生产提供更加宽广的视角。全媒体的采编体制如交响乐队演奏，各个声部虽然交错奏鸣，但某个声部在停顿的时候，仍然要同步关注旋律的推进，跟随节奏运行。网站编辑部除了信息的快速发布、相关背景的补充、多媒体内容的制作和添加、网络互动内容的组织和发动以外，还要帮助生产和收集可供报纸（手机报）采用的内容；报纸编辑部除了考虑报纸的特点部署自己的流程以来，也要随时跟进网络内容的传播嬗变，捕捉网络（手机报）上新闻传播所激发出来的各种信息，既可以按照报纸内容的需要对新闻传播的流变施加影响，同时也可以直接参与到网络内容的生产中来。

2.全媒体架构与流程设计

具体来说，信息第一时间通过网络和手机报等进行发布并不断滚动播报，丰富信息和形态（加上音视频动漫内容、超文本链接、互动内容），同时集纳网民的反映（通过新闻跟评、论坛、博客、微博等手段观察和分析舆论走向和网民的信息需求热点）。报纸的内容分为两个部分。一方面，报纸还是应当按照读者未知的前提来进行内容的组合，报道必要的因素（发生了什么），否则会有忽略不上网读者群体需要的风险（不要过分夸大已经被网络媒体报道这个状况的影响，实际上花钱订阅市场报的读者，与通过网络浏览新闻的用户之间，重合度是很小的）。报纸的另外一个部分，当然是后续的追踪，深度的解读。这一方面依赖于报纸编辑部对新闻事件的专业剖析和挖掘能力。另一方面，在高度融合的体制下，网民对新闻事件的反向干预——通过新闻跟评、论坛、博客等互动渠道发表的意见、看法，通过网络调查等手段收集并加以分析数据，以及社会各个层面对新闻事件的评价和态度，这些都是报纸增加厚度的重要内容。比如，报纸可以从网络上的投诉报料获取线索，通过调查函件的发送和记者对有关政府部门的追踪获得某种程度的答复，给网民一个回应。一个策划类的报道可以在网站上先期进行议程设置，发专帖讨论，设置在线调查收集统计数据等，一方面试探民众的反映，另一方面营造舆论，为最终的报道提供支持。最终报纸见报的内容又会到网络上予以呈现，实现相互交叉，层层推进。

要实现上述全媒体内容生产的目标，建立一体复合式编辑中心成为必然的选择。全媒体一体复合式编辑部的架构类似通讯社，要求在一个平面办公。编辑部分为信息进入和发布两大部分。其核心位置是"大编辑"，由来自不同媒介有内容审核权限的人组成，负责产品的最终发布；周围是美术设计、图片和音视频等多媒体编辑；在外围，左边是信息输入端，包括各采访部门和社会化媒体信息搜集处理部门，右边是印刷、网络以及手机、平板电脑等输出终端。通过这个体系，初级的信息经过综合加工，最后成为适合不同介质发布的成熟的媒体产品。整个流程细密有序，快速紧凑，易于协调，资源利用率和工作效率都很高。

3.国内几种媒体整合模式

（1）全媒体新闻中心模式。以烟台日报传媒集团为例。该集团将旗下三张主要报纸的采访部门合并在一起，组建了全媒体新闻中心，相当于集团内部的"通讯社"。

（2）"报网合一"模式。以杭州日报报业集团为代表。《杭州日报》与杭州日报网共用同一个编辑部、同一批采编人员，同时运行两种媒体形态，创造了"报即是网、网即是报"模式。编辑部增加了网络采编流程，报纸、网络两套流程并行，每个选题的策划都同时考虑网络和报纸的呈现。

（3）"台网互动"模式。是目前广电部门发展新媒体的普遍做法。2008年北京奥运会期间，中国广播网实现了中央人民广播电台所有奥运报道广播信号同步网上直播，创造了图文并茂、音视频同步多点互动直播的报道新模式，尝试了广播频率、门户网站、有线数字广播电视、手机广播电视、平面媒体五大终端的融合。央视网经过10年的运营完成了从"中央电视台的网络版"向"国内主流视频新闻网站"（即中国网络电视台）的转型。

第五章

新媒体环境下新闻行业的发展创新探究

　　新媒体技术彻底将新闻传播带入了数字化时代，其在新闻行业的广泛应用无疑加快了信息的传播速度、拓展了传播范围，是新闻行业获得长效发展资格的潜在力量。本章围绕传统电视新闻与新媒体融合的转型战略、新媒体环境下电视新闻与短视频融合发展、新媒体环境下聚合类新闻客户端的发展、新媒体环境下新闻类微信公众号的传播展开研究。

第一节　传统电视新闻与新媒体融合的转型战略

在信息化时代大背景下，互联网逐渐发展成熟，我国网民数量越来越多。各种新兴媒体依赖于互联网技术和信息技术不断发展，传统媒体的竞争压力越来越大，生存环境受到严重挤压。面对越来越复杂多变的媒体环境，传统电视新闻如果一味地秉持传统工作模式和理念，很容易被时代淘汰。

想要获得更长远、稳定的发展，传统电视新闻需要积极与新媒体合作，加强媒体融合，引进先进的媒体运营理念和媒体设备，掌握互联网新媒体信息传播规律等。只有积极迎合时代发展潮流，加快转型变革，才能更长远地发展下去。

一、媒体融合时代传统电视新闻面临的问题

（一）新闻时效性不足

第一，受众对新闻时效性的要求更加严格。新闻信息的传播，主要是通过媒体介质，将具有社会价值的信息传播出去，被更多人接收。在过去的发展中，传统电视新闻有着非常明显的优势，其受众数量极其庞大。但信息的传播需要立足于受众的信息需求上，现代化信息技术和新媒体行业发展，使人们可以通过移动设备和互联网随时随地接收到来自全球各地的新闻信息，新闻接收渠道被拓宽。互联网信息传播速度很快，因而新闻信息的时效性很强。人们习惯于接收时效性更强的新闻，电视新闻节目中新闻的时效性显然难以满足受众需求。

第二，传统电视新闻制作流程过长。即便传统电视新闻想要增强自身新闻的时效性，也很难改变当前的发展现状。传统电视新闻媒体新闻内容审核非常严格，从新闻素材的收集、采编到稿件的撰写、录制、后期剪辑处理，再在特定的时间点播出，有一套烦琐和严格的流程。在这一生产流程之下，虽然新闻的内容、观点以及质量能够得到有效的保证，但其时效性显然很难被提高。

与此同时，新媒体的信息传播方式和途径都呈现出多元化、便利化的发展特点，受众能够随时随地了解新闻信息，微博、微信、QQ、抖音等社交软件改变了人们的信息接收习惯和方式，受众对传统媒体的依赖程度也因此不断下降。

（二）电视新闻内容与传播形式传统单一

一方面，新闻内容传统。传统电视新闻内容的传统性和同质化问题较为明显，这也是导致受众流失的原因之一。新闻内容上的传统主要体现在电视台强调的政治性上。传统电视新闻受其电视台编制特性的影响，无法像新媒体行业一样迎合市场受众喜好，其新闻内容具有官方性和权威性，对舆论环境有着非常重要的影响。因此新闻内容质量、新闻观点上有一定的约束，这些约束导致很多具有争议的新闻和观点无法被编入电视新闻中。此外，电视新闻内容上的传统还受到新闻媒体人员的影响。由于电视台的新闻记者岗位大多比较稳定，部分媒体人员在稳定的工作环境中渐渐丧失了工作动力和创新动力，并慢慢习惯于按部就班地工作，其工作思维很容易僵化，自然也很难在新闻素材搜集和编写上创新。

另一方面，新闻传播形式单一。传统电视新闻节目的传播主要是借助电视、信号接收设备完成的，并且节目播出的时间固定，错过播出时间无法重播。但就当前而言，大部分年轻受众的工作非常繁忙，其时间碎片化严重，很难空出时间坐到电视机前收看新闻节目。这在很大程度上与年轻受众的休息时间冲突，其根本没有充足的时间收看新闻节目，因而新闻的传播效力也受到很大影响。

（三）新闻内容未立足于受众需求

新闻信息内容能给受众带来价值，受众的新闻需求才能得到满足。比如受众想要了解更多惠民政策，而传统媒体中的惠民政策类报道新闻恰好能满足受众这一需求。并且，通过新闻记者通俗的解释，受众能够更加简单明了地了解政策具体内容。但就近些年而言，新闻节目的内容同质化越来越严重，脱离了受众的实际需求，其新闻内容并未真正立足于受众的信息需求，更多是一些偏时政类的新闻报道，导致受众难以从新闻中提取感兴趣的信息。长此以往，受众会对新闻节目渐渐失去兴趣，甚至产生厌倦和排斥心理。

（四）新闻呈现形式缺乏互动性

互联网具有较强的开放性和互动性，网民习惯于在互联网上进行社交互动、讨论新闻事件。因而新媒体中各种新闻的高互动性正好能满足受众对新闻的互动需求。相比而言，传统电视新闻的互动性更弱一些，受众只能通过电视被动接收各种新闻信息，无法实时与电视台互动。即便很多电视台设立了相应的观众反馈渠道，其反馈与接收流程也过于漫长，很多观众反馈问题的回应也难以在电视节目中呈现出来。受众处于一种单向建议反馈的状态，导致其互动积极性越来越弱，最终对节目丧失兴趣。

与此同时，新媒体发布新闻信息，受众能实时地在平台留言互动，还能在评论区互相讨论，其社交性和互动性都得到了极大提升。

二、传统电视媒体与新媒体融合发展的转型对策

（一）积极引入先进的媒体理念

传统电视新闻媒体想要加强与新媒体的融合，加快转型变革的步伐，首先要转变固化的媒体理念，真正认识到当前电视新闻面临的困境和存在的问题，了解当前工作机制中的缺陷和短板，再对比新媒体的新闻制作模式和发展运作理念，真正认识到更新工作理念、加强创新、培养人才等的重要性。要引进先进的媒体观念，需要相关媒体人员积极加强对外交流，了解新媒体的运营理念。比如抖音、微博等平台的用户运营，平台的信息传播机制和大数据算法等。只有充分了解新媒体的信息传播原理，才能更好地学习其可取之处，并应用到传统媒体中。

（二）拓展新闻传播渠道

在电视新闻中，新闻产品的传播渠道单一是其明显的短板，也是导致新闻影响力下降、市场竞争力不足的重要因素。在媒体融合的时代背景下，电视新闻媒体行业想要通过转型与变革来适应市场需求，获得更长远的发展，就要积极拓宽新闻的传播渠道，开发出专属的新媒体传播渠道。只有新闻传播渠道更宽，其新闻的传播力度和覆盖面才能更广，其内容的影响力才能被有效增强。

想要拓展独立的新媒体传播渠道，可以从以下几个方面着手：

第一，增加资金投入。拓宽新闻传播渠道，离不开新媒体平台的研发和运营，需要电视台投入更多的资金，确保研发和运营工作能够顺利推动。以湖南电视台为例，虽然湖南电视台也是传统电视新闻媒体之一，但其较早研发出电视台专属的芒果TV网络平台。通过网络平台的研发和运营，电视台顺利打通了新闻的新媒体传播渠道。但网络平台的搭建、运营、推广、后台的技术运维等都需要电视台相应的资金支持。因此，想要拓宽独立的新媒体传播渠道，需要电视台具备充足的资金，能够支撑专属网络平台的搭建、运营等一系列工作。

第二，增加技术投入。独立新媒体传播渠道的搭建离不开相应的技术支持。电视台专属网络平台的研发制作需要电视台招揽相关的软件设计人员。为了确保平台能够满足大众的审美和功能需求，需要优化设计平台功能界面，将平台页面标识与电视台标识融合起来，确保其关联性。同时，为了确保受众能够享受更优质的观看体验，需要增强平台的稳定性，确保平台能够容纳更多受众同时同台观看视频内容。

（三）创新新闻呈现的形式

市场经济发展渐趋成熟，各行业的服务意识也越来越强，媒体行业也是如此。只有充分了解受众的新闻需求和偏好，打破传统新闻同质化严重的僵局，积极创新新闻呈现形式，才能制作出大众喜闻乐见的新闻节目。媒体融合时代，越来越多的受众依赖互联网，习惯于通过互联网来社交、接收信息等。因此，传统电视新闻要充分尊重受众的信息接收习惯和信息偏好。可以利用大数据技术分析各种网络数据，筛选出更受大众关注的网络词条，再以此为基础分析受众的信息需求和信息偏好。

短视频新闻是近年来非常受欢迎的一种新闻呈现形式，其短小精悍的特点很受大众欢迎。并且随着近年来5G技术的研发，短视频平台迅速崛起，抖音、快手等短视频平台聚集了大量受众。传统电视新闻想要获得更好的发展，可以尝试引入这类更受大众喜欢的新闻呈现形式。比如将传统电视新闻节目剪辑成短视频，再根据新闻内容分类，在短视频平台上建立专门的专栏，将短视频新闻上传到短视频平台，利用平台的大数据算法将内容推送给更多受众。同时，还可以创新新闻呈现形式。因为短视频平台的新闻呈现形式多种多样，传统媒体将新闻内容上传到短视频平台，无须刻板地遵守电视节目新闻的文本形式。

具体而言，可以给精华短视频配上与内容匹配的背景音乐、趣味字幕、卡通形象等，以此增强短视频新闻的趣味性和可看性。

（四）增强媒体之间的合作

第一，增强媒体间的资源交换。传统电视新闻除了可以通过创新媒体传播平台来拓宽新闻传播渠道之外，还可以通过与其他媒体的合作来创新。不同电视媒体之间的新闻呈现形式、内容风格等都会表现出一定的差别，电视媒体可以合作创办新媒体，帮助彼此减少发展风险。具体而言，如同一个电视台的时政栏目组可以与民生栏目组合作，召开小组交流会，在交流会中，时政栏目组可以提前整理出相应的往年时政类新闻报道，标出其中收看率最高的节目内容，整理相关数据做成报表，而民生类节目也是如此。双方在小组交流会议中交换重要资料信息，实现资源交换。

第二，搭建多元化的信息传播矩阵。相较于传统电视新闻，新媒体的信息传播途径要更灵活、多样。因此，传统电视新闻想要拓宽信息传播渠道，就要积极引用新媒体相关技术，搭建多元化的信息传播矩阵。具体而言，电视新闻媒体除了固定电视传播渠道之外，还可以在抖音、微博、微信等平台上注册账号，通过运营平台账号吸引受众。可以利用大数据技术明确受众的信息喜好，再根据受众喜好将电视台报道过的相应类型新闻投放到各个平台上，从而拓宽信息传播的渠道。

（五）及时更新先进技术与设备

新媒体的发展离不开技术与设备的更新，传统电视新闻媒体要加强对新媒体技术和设备的研究与开发。传统电视新闻媒体要从积极引进先进的新媒体技术出发，为传统电视新闻媒体开发更多的现代化媒体功能，以便受众能更方便地接收新闻信息。

一是硬件设备的更新。传统电视新闻媒体要积极引进各种现代化的拍摄设备，笨重的"长枪大炮"虽然拍摄画面更好，但日常携带不便，而且昂贵的摄像头有较高的损毁风险。因此电视台可以引进一批镜头质量好的高科技拍摄设备，摈弃传统的笨重相机和长镜头，采用更便利、更实用的微单相机等。

二是软件技术的更新。传统电视新闻媒体要积极引进各种现代化的媒体技术，如视频3D处理技术、特效处理技术等。利用技术丰富新闻的呈现形式，在保证新闻内容质量的基础上，使新闻更具趣味性和可看性。同时还要更新人员的电脑配置，传统办公电脑的Windows7系统虽然具有一定的稳定性，但电脑配置较为老化，系统也与很多现代化软件不兼容，无法负载大型后期剪辑软件的运行，因此需要为媒体人员配备全新电脑设备，以便其更好地开展工作。并且软件的版本更迭很快，新版本的软件功能会更详细、更丰富，传统媒体后期剪辑人员想要更好地提高剪辑质量，需要及时更新软件版本。

传统电视新闻的发展离不开媒体融合与转型。但媒体融合是一项较大的工程，需要电视新闻媒体提前制订好相应的转型战略方案，从人员、新闻生产模式、新闻内容等多方面着手，积极引进先进的新闻生产理念，加强新闻创新，增加与受众的互动，发挥传播优势。相信通过转型和创新，传统电视新闻能够更好地跟上时代发展步伐，获得更长远、稳定的发展。

第二节 新媒体环境下电视新闻与短视频融合发展

近年来，短视频发展如火如荼，其用户数量不断发展壮大。第50次《中国互联网络发展状况统计报告》显示，截至2022年6月，我国手机网民规模达到10.51亿，其中短视频用户达到9.62亿，在整体网民中占比达到91.5%。5G时代的来临，进一步提升了短视频的传播速度，优化了用户的体验，实现了更优质的传播效果。为紧随时代前进步伐，近年来各大电视媒体纷纷加强了对短视频的应用，以创新新闻内容，提升新闻信息传播速度。我国新闻短视频应用目前仍处在探索阶段，存在诸多不足之处。为此，本节将对新媒体环境下电视新闻与短视频的融合发展进行探索研究。

一、新媒体环境下电视新闻短视频传播的主要特征

第一，可满足人们信息接收需求。新媒体环境下，社会大众越来越习惯于通过手机、互联网获取实时的新闻信息，人们的新闻阅读还呈现出突出的碎片化特征。而电视新闻短视频凭借其短小、精练的特征，可在短时间内向人们传达新闻核心要素，切实满足人们随时随地、碎片化获取新闻信息的需求。另外，电视新闻短视频还呈现出简明扼要、生动诙谐的特征，极易赢得受众的关注、青睐。比如，由中央广播电视总台推出的短视频《主播说联播》，以通俗的语言向广大受众传播热点新闻，一经推出后即得到人们的热烈追捧。

第二，可推动新闻交互。传统电视新闻侧重于单向传输，人们只能被动接收新闻信息，电视媒体与受众之间的交互十分有限。在新媒体环境下，电视新闻短视频可实现评论、点赞、转发等一系列功能，有效满足人们的新闻交互需求，满足广大受众随时随地获取新闻视频的需求，为人们提供多样丰富的新闻信息。当面对一则自身感兴趣的电视新闻短视频时，人们可表达自己的看法，还可对短视频进行实时转发，与其他受众进行信息交流等。

第三，可满足人们的娱乐需求。新媒体环境下，电视新闻短视频可摆脱传统媒体传播模式，实现对多样丰富的社会信息实时传播，推进新闻资讯、公众社交圈的充分融合。各式各样的新闻信息都可被制作成电视新闻短视频。人们也可通过手机、平板电脑等智能终端，拍摄记录自己的所见所闻，传输至网络媒体平台，与他人实时分享，人们的娱乐需求得到极大满足。

二、新媒体环境下电视新闻短视频的生态环境

（一）电视新闻短视频的外部生态系统

外部生态系统由媒体外部一系列要素组成，主要涉及文化环境、技术环境、经济生态环境、政治生态环境等。从文化环境、技术环境角度而言，随着社会文化及科学技术的不断发展，网络信息技术很大程度上促进了信息社会的发展，人们通过获取多样丰富的信息来认知不断发展的外部世界。因此，对信息资源的采集使用显得至关重要。随着5G技术的不断推广，电视新闻短视频已成为电视媒体信息发布的主要载体。从经济生态环境角度而言，随着市场经济发展的不断深入，媒体行业呈现出强劲的发展活力，一大批新媒体表现活跃，并赢得受众及资本市场的广泛关注。在此形势下，电视新闻短视频成为电视媒体转型发展的重要突破口。从政治生态环境角度而言，近年来我国相关职能部门不断完善网络视频准入机制，为电视新闻与短视频融合发展营造了良好的政治生态环境。

（二）电视新闻短视频的内部生态系统

新媒体环境下，各类媒介加强了对各种资源的优化整合，以建立起不同媒介相互影响、相互促进的联系，这也是媒介传播内部生态系统的重要内涵。不论是哪一类媒介，都在自身独特的时间、空间层面对应着各不相同的生态位，并在各异的生存环境下呈现出各不相同的生态特征。一是时间生态位。时间生态位指的是媒介在时间层面的分裂，究其原因在于新闻信息具有深厚内涵，需要相关人员采编、撰写，并要保障新闻的时效性。各大短视频媒体平台不仅聚集了众多的新闻信息生产者、采集者，还支持实时拍摄记录上传，显著提升了新闻的时效性。另外，短视频媒体平台接收信息十分便捷，可有效摆脱时空的束缚，实现对新闻信息随时随地发布的同时，还可满足人们碎片化的信息接收需求。二是空间生态位。新媒体环境下，电视新闻短视频主要通过智能终端、网络平台进行传播，在传播时表现出极强的灵活性。与此同时，近年来电视媒体在转型发展中不断加强了与新媒体的交流合作，有效弥补了信息时效性较差、与受众互动不充分等不足，很大程度上开拓了新闻传播渠道。除此之外，越来越多的媒介也纷纷将短视频平台作为发展重点，使短视频平台的空间传播影响力得到进一步提升。

三、新媒体环境下电视新闻与短视频融合发展的策略

（一）积极构建专属管理体系

对电视新闻来说，必须明确受众资源的重要性，不管是进行短视频传播，还是通过其他媒介传播，传播对象始终是广大人民群众。因而，在电视新闻与短视频融合发展中，应构建专属的管理体系，设置短视频受众专属管理账号，如果条件允许则可设置专门的短视频传播管理部门，该部门的职能包括开展短视频受众管理、采集处理短视频受众反馈等。比如，在电视新闻短视频传播中，相关人员应加强对受众年龄、性别、观看偏好、浏览历史等相关信息的采集分析，建立用户画像，进而基于受众的实际需求制作电视新闻短视频内容。例如，经过信息采集分析发现，不少用户关心体育新闻，则在电视新闻短视频传播中向该部分受众多推送体育类新闻，如此一来，不仅可满足人们的需求，还可提升电视新闻短视频的传播效果，帮助电视媒体获得更高的关注度。

（二）不断丰富短视频内容形式

新媒体环境下，短视频行业竞争日趋白热化，如今人人都是短视频拍摄者、传播者。为满足广大受众的多元需求，电视新闻与短视频融合应紧随社会前进步伐，加强对内容的改革创新，引入受众喜闻乐见的内容形式，视频内容尽可能做到简洁明了、通俗易懂，让受众短时间内便可迅速掌握新闻内容的概要，并使受众自发地对新闻短视频进行转发分

享，提升新闻短视频的传播效果。针对社会热点新闻的报道，电视媒体除通过自己的账号进行新闻短视频实时发布之外，还可在各大社交平台进行同步直播，以现场直播的方式让受众了解新闻真相，并通过采访现场目击者及视频拍摄者，拉近受众与新闻的距离，提升新闻的时效性。需要注意的是，电视新闻短视频的竞争主要在于内容，短视频内容不仅要保证足够新鲜，新闻工作者还应在内容的表现力及深度、广度上进行深入研究，以促进电视新闻短视频的有序健康发展。

（三）增强专业人才队伍建设

就电视媒体新闻节目制作人员结构而言，尽管电视媒体在编辑、策划等方面配备有相对较强的专业团队，拥有大量的专业人才，然而在新闻短视频领域则缺乏专业人才。新媒体环境下，电视新闻与短视频融合发展离不开专业人才的有力支持。为此，电视媒体应加强专业人才队伍建设，一方面，加强对短视频传播专业人才的引进，在进行新闻短视频传播时应讲求主题引导，让人们明确新闻短视频的本质及价值，进而实现电视新闻短视频传播目标。另一方面，邀请短视频传播专业人才前往电视台授课，培养更多的短视频制作优秀人才，逐步提升电视新闻短视频传播质量。与此同时，电视媒体应引导工作人员积极学习先进的编辑制作技术，在视频制作上巧妙选择视角，结合不同平台特性及受众需求发布不同的新闻短视频。

（四）大力推进生态位资源共享优化

只有建立起新媒体与传统媒体相互促进、相互协调的关系，实现电视新闻与短视频的融合发展。在电视新闻短视频融合发展中，相关人员应确立生态位共享理念，并非一味地利用新媒体技术。同时，依托新媒体海量的受众群体，加强与各大新媒体平台的交流合作，借助不同渠道的内容传播，发挥各方主体力量，实现电视新闻与短视频的优势互补，进一步收获更理想的电视新闻短视频融合发展效果。除此之外，电视新闻短视频需要经过专业制作，对各项新闻要素进行优化整合，更好地保证新闻传播效果。在这一过程中，内容上应选择鲜活、热点素材。对图文、字幕、音频的处理，应做到巧妙结合，通过制作大量内容质量有保障、有价值的新闻，切实提升电视新闻短视频的传播效果。

（五）注重打造新闻短视频品牌

随着移动互联网的迅猛发展及移动智能终端的普及，社会大众已不再局限于通过门户网站获取新闻信息。通过抖音、快手等短视频平台，人们可随时随地获取自身感兴趣的新闻信息。通常情况下，人们打开智能终端、登录短视频平台后，平台会优先推送用户已经关注的视频账号内容，在此基础上，平台会基于用户过去浏览偏好、观看记录等开展个性化内容推送。在这一情形下，人们更关注的是视频内容，而并非视频内容发布来源，所以不易于在原本粉丝群体基础上进一步扩大粉丝群体数量。面对这一情况，电视新闻短视频要想实现自身的可持续发展，必须增强受众体验，打造新闻短视频品牌，树立自身鲜明的风格形象。不管是在新闻信息采集方面，还是在新闻短视频内容制作方面，电视媒体都应当切实增强受众的参与感及互动感。新闻短视频品牌塑造过程中，还应正确把握平台定位，传播得当的新闻短视频内容。比如，《人民日报》尤为重视品牌塑造，首先在品牌标签延伸方面，《人民日报》在各大短视频平台开通的官方账号的头像都沿用了《人民日报》风格统一的白底红字样式，表现出极高的品牌辨识度。其次在品牌形象塑造方面，《人民日报》积极宣传党和政府的政策主张，记录中国社会的发展变化，为公众讲述国家的大事小情。《人民日报》在各大短视频平台开通的官方账号亦是如此，以高质量、高效率的短视频新闻内容生产活跃在人们的视线中，有效提高自身的品牌认知度。因此，电视媒体要注重展现自身，打造新闻短视频的品牌化、特色化、形象化特征，并通过高产高质量的新闻短视频内容赢得受众的关注，进一步提升品牌价值。

总之，新媒体环境下，新闻短视频凭借其时长短、内容丰富以及便于分享等特征，受到了人们的青睐。通过推进电视新闻与短视频的融合发展，加强对短视频的合理应用，有效弥补传统电视媒体的不足，推动电视媒体创新发展。为此，电视媒体相关人员应明确电视新闻与短视频融合发展的必要性及所面临的一系列问题，通过构建专属管理体系、丰富短视频内容形式、加强专业人才队伍建设、打造新闻短视频品牌等措施，实现对短视频的有效应用，让电视媒体更好地适应新时代发展需求，进一步促进电视媒体的健康发展。

第三节　新媒体环境下聚合类新闻客户端的发展分析

一、新媒体环境下聚合类新闻客户端的特点

"万物皆媒"的泛媒体时代，每个人都有可能成为传播主体，每个组织或机构也都拥有自己的组织传播渠道。在这样的背景下，催生出了"聚合类新闻客户端"，将各个渠道的传播主体和信息都聚焦到一个平台上，供用户方便快捷地浏览信息，而不用辗转各大新闻网站。

聚合类新闻客户端，是指互联网科技公司研发运作的，聚合传统媒体时事新闻为主的内容源和自媒体平台用户自生成长尾内容源，根据用户兴趣和浏览历史记录，基于用户主动性个性化搜索、个性化订阅等站内操作，对全平台内容进行个性化推荐的产品形式。新媒体语境下，各种形式上的聚合类新闻客户端层出不穷，其中包括"今日头条""一点资

讯"等。

聚合类新闻客户端从"新闻价值"出发，凭借技术和资本，把一切包含信息的新闻和媒介变成内容。新媒体语境下的聚合类新闻客户端不同于传统的新闻客户端或者传统媒体的新闻，主要表现在以下五个方面：

（一）传播主体多元化

PC端实现了传授双方的互动，移动客户端则实现了传授双方关系的彻底变革。不同于传统媒体或其他新闻客户端"一家独大"的状态，Web2.0时代下传播权力的下移，使新闻发布者不再局限于过去的权威发声主体，自媒体的加入，也为聚合类新闻客户端注入了新的活力。特别是在突发性事件中离不开自媒体即时的信息生产与发布。在自媒体平台上，每一个人都在传播过程中发挥着"中流砥柱"的作用，并彻底打破了以往专业化与非专业化的角色限制，传播主体呈现明显的裂变趋势。正是由于传播主体的多元化，聚合类新闻客户端不仅实现了内容的聚合，也在平台上实现了形态的聚合。

（二）传播媒介多样化

传播学者麦克卢汉提出"媒介即讯息"的命题，并指出每一种新媒介都是"人的延伸"，人的思维和行为模式都会受到新媒介的影响。新闻学者认为的"内容为王"虽不可撼动，但也逐渐转向了"内容与渠道并重"的时代。权威的新闻信息加上优质高效的传播渠道，才能保证理想中的新闻效果的产生。聚合类新闻客户端不像传统媒体仅依赖于某一种单一渠道，而是真正实现了媒介融合，实现真正的跨渠道分发。

（三）传播效果高效、可测量

毋庸置疑，聚合类新闻客户端根据大数据和算法，结合用户既往的浏览历史，做出的个性化新闻推送，总能捕捉到用户的兴趣点。其利用大数据分析受众在平台中的搜索、订阅等行为，为传播者提供内容，创作依据、为平台提供个性化推送依据，从而实现用户的"私人订制"，受众信息需求得到满足，意味着传播效果的实现。在实际操作过程，运营部门会对各个子频道进行页面浏览量、独立访客等数据分析，以此来判断用户的满意度，对访问量较少的频道节目及时调整。除了传播效果可观，聚合类新闻客户端还有一个特点是传播效果的可测量。用户在浏览新闻后，可以就喜欢的内容一键转发至社交App上进行分享，也可以点赞、评论等。传播主体可以根据用户转发、点赞和分享等行为，获取受众反馈，掌握新闻的实时传播效果。

（四）用户的使用与满足效果逐渐明显

新媒体的即时性，使得用户在输入相关搜索词之后，可以快速地获取自己感兴趣的新闻信息。同时，大数据技术的支撑使得平台可以更好地判断用户的兴趣点，给用户提供精确的信息。这种个性化的信息推送和及时的信息反馈，无形中提升了用户对客户端的满意度。聚合类新闻客户端所采用的算法推荐一改传统的新闻分发模式，不再局限于过去以行业划分频道的固化思维。而是先通过平台聚合所有的相关新闻，再利用强大的云计算技术判断每个用户独特的兴趣点，从而让每个用户的频道列表都不相同。有的用户界面会显示政治、财经等频道，满足日常获取信息的需要，部分用户的手机界面还会显示明星、美食等频道用于缓解生活压力。

（五）传播内容海量化

以"今日头条"平台为例，门户网站、行业网站、中央媒体、地方媒体等纷纷在"今日头条"上注册头条号，发布信息。信息内容也纷繁复杂，有国际新闻、国内政治新闻、经济新闻、民生新闻，也有当下年轻人热爱的美食、明星八卦、时尚穿搭等信息。既满足了大部分用户的日常信息需求，也满足了部分小群体对于长尾信息的需求。

二、新媒体环境下聚合类新闻客户端存在的问题

聚合类新闻客户端在发光发亮的同时，对其自身存在的问题也无法视而不见。

（一）价值导向缺失，传播内容略显低俗化

库尔特·卢因认为在传播的过程中存在着一些"把关人"，只有符合群体规范或把关人价值标准的信息内容才能进入大众的视野。在传统的信息生产渠道中，"把关人"的信息筛选工作会体现在新闻的策、采、写、编等各个环节。但是聚合类新闻客户端的算法推荐，忽视了人工审核的重要导向作用，这种"把关人"的缺失，导致一些低俗色情、谣言等负面信息极易进入大众传播视线。

（二）算法推荐形成的"过滤气泡"危害较大

"过滤气泡"主要是指互联网追踪用户的浏览历史，收集用户的使用数据，并根据这些数据计算出用户的信息偏好，依据数据判断推送用户可能感兴趣的信息，从而完成个性化推荐。网络媒体最初的出现有利于民主的进步和知识的普及。随着"过滤气泡"的逐渐扩大，这种局面正在出现隐形的改变。用户的视野局限在平台为其定制的"过滤气泡"中难以接触到与自己意见相左的信息，长此以往，用户极易产生一种狭隘心理，难以接受与自己意见相左的信息。

坦言之，"过滤气泡"是对用户的信息偏好的一种刻板引导，不利于思想的碰撞和交流。据此，我们不难发现，"过滤气泡"是用户个人专属的信息世界，"过滤气泡"中

包含的内容与用户的角色、行为等密切相关，但用户无法决定哪种信息可以通过"过滤气泡"的限制圈进入自己的视野，也不知道哪些信息会被删除。这种主要依靠用户兴趣进行的个性化推荐而产生的"过滤气泡"将受众以兴趣点为标准分隔开来，没有打通圈层，反而加剧了各自的群体极化。聚合类新闻客户端在其传播过程中，过度追求点击量，忽略了自己作为社会公共信息交流平台的责任，使得社会圈层化更加明显。

（三）新闻推荐重广度、轻深度

新媒体时代，海量的碎片化新闻挤占着用户有限的阅读时间，用户逐渐倾向于碎片化阅读。而聚合类新闻客户端将各种新闻源和新闻内容聚集在一个平台上，使得用户在一个端口就可以了解各类新闻消息，而无需来回切换多个新闻网站，这种便捷性刚好契合了用户的碎片化需求。

但这种碎片化的阅读由于受到篇幅的限制，很难将新闻的前因后果和盘托出，有的自媒体发布的新闻甚至缺乏新闻最基本的五要素。当社会热点事件出现时，媒体平台为了争取浏览量，夺得新闻的"首发权"，往往未经过多的求证就在聚合类新闻客户端上发布新闻，加上人工审核环节"把关人"的缺失，事后也鲜有媒体进行系列跟踪报道，这种缺乏基本事实的新闻会受到受众的"选择性理解"，严重的可能会引起社会混乱。

（四）使用初期技术层面的推荐不匹配

聚合类新闻客户端在进行个性化推送新闻的过程中，常常用到"协同过滤推荐""基于内容的推荐"等算法推荐模式"协同过滤"主要是指"用户协同过滤"，是一种利用群体传播进行个性化推送新闻的方式。在这一推荐过程中，系统会收集目标用户以及与目标用户产生关联的且有相同或相似兴趣的其他用户的数据，再利用云计算等手段，推算出用户感兴趣的事件或商品，最终完成推送。当用户打开"今日头条"进入登录界面时，页面中会显示微信、腾讯QQ等快捷登录方式，其目的就是快速获取用户的社交数据，收集目标用户以及与目标用户发生关联的其他用户的数据，以此抓取用户的兴趣点，进行新闻的精准推送。

这种推荐的依据是用户的群体归属感，旨在向用户推荐其他人已经关注，而用户自己还未浏览的新闻。但是对于一件刚发生的新闻事实，用户可能还来不及浏览点击，平台无法判断哪些用户会对其感兴趣，只能等待一段时间，待群体用户关注后才可以向他们的相似用户进行推荐，即协同过滤推荐中存在的"冷启动"问题。然而，新闻及时传播的重要性不言而喻，如果一则新闻要等待数小时之后才能推荐给目标用户，那么就失去了新闻的时效性。因此，在用户使用聚合类新闻客户端的初期，这种简单的数据抓取，无法深入了解用户的真实需求，极有可能造成推荐的不匹配。

三、新媒体环境下聚合类新闻客户端发展的路径

（一）政府、平台和受众的三方合力应对新闻低俗化倾向

首先，政府要加大行政监管力度，实现传播内容监督的常态化。要从市场的角度做到奖罚分明，实行市场准入原则，奖励宣扬国家主流价值观的媒体平台，责令传播低俗化内容的平台进行整改。

其次，平台不能"唯利是图"，过度追求流量，而忽略了自身的社会责任。要加大人工审核、人工编辑的投入，用正确的社会主义核心价值观来指导算法，而不是被算法所指导，要让算法公开在阳光下。

最后，受众个人应该主动提高自身的媒介素养，提高自身的信息辨别能力。主动参与到互联网传播内容低俗化倾向整治活动中来，提高自身思想觉悟，坚决抵制低俗化内容的获取和传播，积极地使用网络中的"一键举报"功能，共建和谐文明的网络生态环境。

（二）技术、平台、受众共同开展"戳泡运动"

针对新闻推荐中"过滤气泡"存在的现象，它的破除既需要技术的改进，也需要媒体充分发挥把关人的作用，还要结合受众个人的努力。

第一，要从"过滤气泡"产生的源头抓起，"过滤气泡"是依托计算机算法推荐这个载体出现的。因此在新闻聚合类平台环境整治的活动中，首先要做的就是优化计算机算法推荐技术，新闻聚合类客户端要充分利用受众黏性高的优势，借助自身的公信力，把媒体平台传播信息的影响力发挥到极致。算法推荐的过程中要考虑公民生活和公民责任感，遵循透明性原则，让用户了解过滤器的运行规则。要本着为用户传播知识、开阔眼界的初衷，一路向前，而不是过度被利益所操控。要不断地优化技术，查漏补缺，使其更具人性化的判断和审核能力。

第二，问题的解决在于媒体的平衡报道。媒介素养的提高不仅在于受众，也在于媒体平台。为打破"过滤气泡"带来的片面性视角的限制，各大信息传播平台应积极进行尝试性改革，试图建设一个更加清朗的网络空间。

（三）使用"内容推荐"，增强深度报道新闻的推荐

聚合类新闻客户端在推送新闻过程中"重广度、轻深度"的问题，也是当下很多媒体平台都存在的问题，因此要加强对"基于内容的推荐"算法的利用。基于内容的个性化推荐主要是推荐与用户有兴趣相似的信息，主要分为追踪用户的新闻日志、数据收集、数据处理、新闻分发四个部分。因此，要想加强新闻的深度报道，需要根据用户过去浏览新闻的历史记录，提取相应的关键词，进行某一件新闻事实的系列报道的推荐。

（四）混合推荐模式应对信息推荐的不匹配

基于协同过滤和基于内容的推荐方法，都存在着各自的缺陷，而一个成熟的新闻平台需要把这几种推荐方法进行一个系统的排序整合。在将这几种新闻推荐算法的优势最大化的同时，也能把这几种算法的消极影响控制在最小范围内，这一目标的实现，需要新闻传播领域和计算机领域的人才共同努力。

总之，聚合类新闻客户端的兴起是技术、平台和用户共同期待和努力的结果，因此，在其成长的漫漫长路中产生的"问题"也需要三方共同努力解决。作为新时代的弄潮儿，应充分发挥新媒体人的智慧，使技术更加灵活化，塑造一个更加完善的新媒体信息环境。

第四节　新媒体环境下新闻类微信公众号的传播研究

一、微信公众号的基本认识

随着5G高速网络的逐渐普及和移动互联网技术的更新，新媒体平台中的佼佼者——微信公众号也得到了长足发展。基于满足企业用户与个人用户"B2C"社交目的而开发的功能，公众号一上市就受到了强烈欢迎，该产品依靠微信个人账户已有的广大用户基础，又避免了微信个人账户在大众传播中碰到的许多困难，充分挖掘了品牌自身用户的潜力，创造了差别化信息交换的生态环境，构建了一个一方面越加私人化、私密化，另一方面又充满交互属性的"伪"社交、"真"服务平台。随着软件版本的不断更新，微信逐渐从一款通信软件转变为一种不可或缺的生产生活形式，而公众号的出现和流行，从用户端彻底颠覆了企业或组织在旧有品牌营销活动中的宣传效果，也潜移默化地改变了公众在舆情应对、言论自由的发展方向和社会问题方面的看法。

2013年，微信的公众号功能模块正式上线，新媒体语境下各大互联网巨头之间的博弈也愈演愈烈。面对"早起的鸟儿有虫吃"的市场环境，传统新闻媒体们也按捺不住，纷纷利用微信、微博、微视频等"三微一端"的新型媒体平台，实现了融合发展，诸如人民日报、新华社、央视新闻等中央主流媒体在微博、微信、今日头条、抖音等社交媒体平台上以及自建App上展示出巨大的影响力，人民日报、新华社、央视新闻分别位居2018年中国微信500强中的前三名。其中，微信公众号作为新媒体平台的代表，能够为用户提供订阅服务。新闻媒体的使命不言而喻，即客观真实快速地报道新闻事实，微信公众号的订阅服务让用户实现了对新闻事件的便捷查阅、一键转发、实时评论，根据用户的习惯、喜好、口味等指标差别化地进行新闻媒体账户的推送。由此，微信公众号业已成为传统新闻媒体向新媒体移动终端转型的最有效渠道。

二、微信公众号——"澎湃新闻"品牌建设的启示

新媒体产业的后浪彻底改变了传统媒体的产业生态，也在某种程度上倒逼传统媒体产业的发展。2013年10月，上海报业集团成立，为顺应时代潮流，集团将发展的主要目标和方向定位在新媒体业务上，一口气推出"澎湃新闻""上海观察（后来改名为上观新闻）""界面"三款新媒体产品。其中"澎湃新闻"很快在业界和社会公众中站稳了脚跟，拥有了较高的知名度，因而理所当然地成为上海报业集团未来发展的重要代表。2014年7月22日，"澎湃新闻"正式上线。作为一家关注时事政治和舆论的媒体，"澎湃新闻"自发布伊始便声称要"立志成为中国第一时政新闻品牌"。目前，"澎湃新闻"已经全面覆盖包括移动客户端（苹果App Store、安卓软件市场）、网页版和WAP网页版本等各类互联网媒介载体。同时，"澎湃新闻"也开通了官方微博账号和微信公众号，确立了互联网信息传播领域全平台、全渠道、全流程的包围形势。

"澎湃新闻"是时政新闻产品"新媒体化"的典型，它并非没有传统媒体的依靠，只有新媒体平台，而是采用双品牌战略。首先，在产品诞生初期，澎湃新闻既保留了原来的纸媒《东方早报》，又不断推广扶持"澎湃新闻"这个新品牌。其次，二者的组织架构基本统一，"澎湃新闻"和《东方早报》用的是同一套班底，从采编到运营，从审核到发稿，两个品牌同步进行，只是在发稿重心上偏向新媒体平台，从而保证了新闻内容产出的调性和风格一致。再次，"澎湃新闻"运营的微信公众号平台，在内容生产上拥有自己明显的特色，与一般传统纸质媒体的温和平淡大相径庭，采用犀利与辛辣的写作语言和风格，注重原创而非聚合，产出带有鲜明"澎湃"标签的新闻内容。与一般新闻媒体相比，"澎湃新闻"有着自身独特的优势：它拥有上海报业集团旗下强大的新闻线索与素材来源作为其发布独家新闻的保障，还在新闻事件发展状况的后续追踪报道上保持了传统纸媒的优良传统，即"澎湃新闻"一直以来标榜的精神内核：做思想内涵深刻、充满竞争精神、保持丰厚底蕴、左右公众态度的新闻报道。

自上线以来，"澎湃新闻"微信公众号凭借权威的数据资料和丰富多样的实例占据了新媒体细分市场下新闻类产品中的一席之地，通过优质的内容、深入的报道和鲜明的评论，重视事件背后的深度挖掘，为订阅用户提供事件背后隐藏的种种"真相"。有了优质的内容，"澎湃新闻"很快获得了业界和市场的高度评价，品牌形象与品牌效应也随之而来。产品初期负责人就曾说过"澎湃没有别的长处，就是扎扎实实把内容做好"。此外，"澎湃新闻"开辟出评论板块，通过表达鲜明的态度和立场，引导用户独立思考，凸显微信公众号的互动属性，社会公众亦通过平台获得了比以往越发大量的发声机会。"澎湃新闻"所建设的品牌形象，保证了平台拥有广泛又忠实的基础用户，它以用户青睐的方式传递信息，与用户建立紧密的关系，形成良性循环，探索出一套成功将传统媒体改造成为新媒体的方法。

三、传统媒体转向新媒体的路径

1995年，哈佛大学商学院的著名教授克里斯滕森将创新分为"破坏性创新"和"维持性创新"两种类型，在这两种创新模式的基础上，又有学者进一步提出"突破性创新"模式，将此种模式从"破坏性创新"中脱离出来，与"破坏性创新"大多由新成立资本企业发起不同，"突破性创新"往往是由已经在行业内稳定发展的资本企业推动和开展，其创新主要集中在对于现有品牌、服务或产品的更新之上，是一种介于"破坏性创新"和"维持性创新"之间的新型创新模式。当今新媒体产业发展迅猛，大量新兴资本涌入新媒体市场，"破坏性创新"屡见不鲜，如南方报业集团的"并读新闻"、宁波报业集团的"甬派新闻"、四川日报报业集团的"封面新闻"等。但从市场反应和运营效果来看，大多新闻产品都没有达到预期的市场份额和盈利目标，用户对于这些新兴新闻类产品的接受度并没有因为他们脱胎于传统地方头部媒体而提升。与之相反，像"澎湃新闻"这样运用"突破性创新"的新媒体产品，却取得了较好的市场推广效果。由此，传统媒体逐渐意识到自身的互联网转型已势在必行，如果措施得当，传统媒体仍然可以搭上高速运行的新媒体产业列车，得以继续生存。想要成功转型，就需要传统媒体秉持不破不立的坚定信念，在寻求创新的同时，找到与新媒体两者之间结伴协调的平衡点，搭建"突破性创新"的模式，以求达到融合共生、协调发展。

（一）实现组织结构与生产过程的整合，构建有效的新媒体矩阵

要在传统的新闻采编流程再造中找到突破口，重新梳理、整合采编流程，设立崭新的新闻产品生产结构，实现信息的一次性、整体性收集，多形式、多种类生成，多元化、多途径传播。同时，调整现有的媒体组织结构，化繁为简，构建更有效、更精简的新媒体矩阵，适应媒体融合的发展要求。要创建扁平化的编辑部门，打破原有的上下级架构，整合和开放编辑流程，打通各部门间的壁垒，减少阻力，提升机构运行效率。减少同类型、同主题的账号，避免内容的同质化和冗余感，将传统媒体原有的优势资源集中到优质账号上，构建精细、精致、精妙的有效新媒体矩阵。

（二）实现品质化内容整合，构建具有特色的新媒体话语体系

传统新闻媒体一直具有专栏板块数量多，但是内容同质化严重的问题。比如《人民日报》《光明日报》等多家传统媒体都设立了"晨报""夜读""午间特快"等相似度极高的栏目版块，且在内容撰写、语言运用上多使用类似的表达，导致读者对于传统媒体的印象往往停留于内容千篇一律、形式毫无创新的刻板印象，不利于媒体形象的树立。在向新媒体转型的过程中，应该加强相同内容的整合力度，将同质化的内容转向品质化，充分发挥新媒体平台和渠道的优势，建立更加具备个体特色的品质化话语体系，转变固有的品牌

印象。

（三）寻求媒体与用户之间关系的整合，打造精准化的定制传播

在人人都是信息生产者的新媒体时代，新闻产品市场的主动权早已由卖方转移到了买方的手中。因此，用户思维成为新闻产业赖以生存的核心财富密码。新闻产业不应该通过广告投放，而是应该由提升"用户体验"来获利，即为用户提供全流程服务，提升用户的产品依赖程度和黏性。传统媒体往往只停留在"认识用户"的初级阶段，想要适应"新媒体化"的竞争，实现新闻产品的精准投放，就要走向市场达到"熟悉用户"的高级阶段。与用户加强联系，根据用户需求的痛点、难点、堵点提供定制内容，最终实现产品价值。是否能够像"澎湃新闻"那样拥有稳定的基础"粉丝群"，是传统媒体向新媒体转型发展的核心问题。

（四）媒体技术与资本力量结合，实现新形态的循环结构

传统媒体相较于新媒体，最欠缺的是技术层面的更新换代，而技术的推广、应用、普及需要投入巨大的资源，尤其不可或缺的是资本的力量。由于传统媒体大多有官方背景，受限于体制约束，它们在融资方面有着诸多障碍，导致传统媒体无法像新媒体那样在市场经济的环境下自主获取技术资源，因而陷入死循环。因此，必须借助技术和资本市场的整合，打破体制的桎梏，实现传统媒体的转型。传统媒体意欲追逐新媒体的"后浪"，需要牢记使命，摆正位置，脚踏实地学习新技术、新思路、新理念。而新媒体在蓬勃兴盛之时，也应不忘初心，仰望星空寻求创新突破，进一步为传统媒体转型提供技术保障。

总之，微信公众号到底能走多远，正面临着诸多质疑。毫无疑问，随着移动互联网和智能客户端的发展，至少在技术上，像"澎湃新闻"这样由传统媒体采取"突破性创新"模式实现转型的新闻产品已经走在了正确的轨道上。传统媒体要追求长期健康的发展，必须适应当下不断变化的市场。利用新媒体技术依靠磁带的时间顺序进行录制，也称线性编辑系统。

结束语

在网络技术发展的推动下，我国媒体行业发生了巨大的变革，新媒体逐渐崛起，并成为人民群众生活中重要的组成部分。其中，作为媒体行业的重要环节，新闻编辑与人民群众日常生活具有密切的联系。研究人员发现通过新闻编辑工作的开展，有利于帮助人民群众更好地了解社会实事。然而相关时间显示，随着新媒体的发展，传统的新闻编辑方法与拓展渠道已经无法满足新媒体发展的需求。因此作为主要的信息传播渠道，新闻编辑必须不断提高自身能力，以满足越来越高的信息传播要求。在融媒体时代，新闻编辑必须跟随媒介传播手段不断创新，不断提升自身创新意识，拓宽信息获取渠道，甄别信息真伪，满足不同受众的信息需求，为用户提供更多更好的新闻内容。

参考文献

一、著作类

[1] 陈红梅.新闻编辑（第2版）[M].武汉：武汉大学出版社，2011.

[2] 陈少华，张燚.新媒体与传统媒体[M].成都：电子科技大学出版社，2015.

[3] 何志武.新闻采访[M].武汉：武汉大学出版社，2006.

[4] 姜英.新闻编辑教程[M].成都：四川大学出版社，2010.

[5] 李端.新闻编辑学新论[M].成都：西南交通大学出版社，2014.

[6] 彭涛.实用新闻编辑学[M].武汉：华中师范大学出版社，2018.

[7] 谭云明.新闻编辑[M].北京：中国传媒大学出版社，2008.

[8] 王洁，王贵宏.新媒体采编实务[M].北京：中国传媒大学出版社，2012.

[9] 吴飞.新闻编辑学（第3版）[M].杭州：浙江大学出版社，2003.

[10] 吴飞.新闻编辑学[M].杭州：杭州大学出版社，1995.

[11] 郑兴东.报纸编辑学教程[M].武汉：武汉大学出版社，1992.

二、期刊类

[1] 陈建勇.传统电视与新媒体融合发展的转型战略分析[J].新闻研究导刊，2018，9（19）：255.

[2] 陈原.论"驾驭"文字的艺术[J].编辑学刊，1994（05）：38-46+72.

[3] 李端.编辑学是一门什么样的学问[J].编辑之友，1988（04）：4-7.

[4] 李岗.传统电视与新媒体融合发展的转型战略分析[J].记者摇篮，2019（04）：6-7.

[5] 李明文，刘卉.新媒体语境下聚合类新闻客户端分析[J].今传媒，2021，29（08）：11-15.

[6] 李荣生，高文超.建立中国编辑学刍议[J].编辑之友，1985（02）：9-11.

[7] 刘桂芝.新媒体背景下新闻采访的技巧与创新思考[J].传媒论坛，2022，5（14）：91-93.

[8] 莫晓琳，演克武.新媒体时代的泛在传播特征分析[J].企业改革与管理，2017（10）：

217.

[9] 秦琦.新媒体时代的传播特征及发展探讨[J].传媒论坛，2018，1（04）：94.

[10] 阮丹丹.浅析新媒体时代的传播特征及发展趋势[J].新闻研究导刊，2016，7（10）：219.

[11] 王苏娅.新媒体背景下新闻采访的技巧与改进探析[J].记者摇篮，2021（05）：70–71.

[12] 辛岛.基于新媒体视域下新闻类微信公众号的传播研究——以"澎湃新闻"为例[J].淮南职业技术学院学报，2021，21（05）：138–140.

[13] 姚景川.新媒体环境下电视新闻与短视频融合发展研究[J].记者摇篮，2022（04）：89–91.

[14] 张麟凡.传统电视新闻与新媒体融合的转型战略探究[J].新闻研究导刊，2022，13（15）：164–166.

[15] 周静.新媒体环境下新闻传播的特征及发展趋势[J].西部广播电视，2019（18）：65–66.

[16] 朱慧燕.探究新媒体时代新闻采访技巧[J].西部广播电视，2022，43（05）：193–195.